유아문학교육

유선영 · 조해연 · 박선혜 · 김교령 · 김경숙

창지사

머리말

유아들은 이야기를 듣고 그림책을 보는 것을 좋아합니다. 교사나 부모와 함께 그림책을 보고 책 속 이야기를 들으며 자연스럽게 대화를 나누기도 합니다. 주인공에게 감정을 이입하고 책 속 세계와 현실을 오가며 상상력을 확장시킵니다. 유아문학교육은 그림책을 매개로 언어발달 및 사회정서발달, 의사소통역량을 기르는 등 교육적인 목적을 가지기도 하지만, 유아가 앞으로 문학을 즐기고 감상하는 태도를 함양해 나가도록 돕습니다. 유아에게 있어 그림책의 교육적 효과는 이미 검증되어 왔으며 최근 서점에는 수많은 그림책들이 쏟아지고 있습니다. 하지만 일부 책은 내용과 주제가 유아에게 적합하지 않거나 유명 그림책을 흉내만 낸 경우도 적지 않습니다. 본 서의 저자들은 예비교사와 현직교사가 좋은 그림책을 선정하는 안목을 기르고 유아의 발달과 성장을 위해 교사가 어떠한 지원을 해야 할지 고민하여 이 책을 집필하였습니다.

이 책은 유아문학교육의 중요성을 강조하고, 이를 효과적으로 현장에 적용할 수 있도록 돕기 위한 내용으로 구성되어 있습니다. 유아문학은 아이들에게 단순히 흥미와 즐거움을 주는 도구가 아니라, 그들의 언어 발달과 정서적 안정, 사회적 상호작용, 창의력과 상상력을 증진시키는 데 필수적인 매체로서의 역할을 합니다. 문학은 유아들에게 세계를 바라보는 다양한 관점을 제시하고, 자신의 삶과 타인의 삶을 이해하며, 나아가 인간의 본질적 가치를 성찰하게 합니다. 이를 가능하게 만드는 사람은 바로 교사입니다. 교사는 단순히 이야기를 전달하는 사람이 아니라, 유아들에게 문학적 경험을 안내하고 깊이 있는 성찰을 이끌어 내는 중요한 역할을 맡고 있습니다.

또한 문학은 언어의 예술입니다. 유아문학은 아이들에게 언어와 그림, 이야기를 결합하여 풍부한 정서적 경험을 제공합니다. 유아에게 문학을 효과적으로 전달하기 위해서는 교사가 문학 자체를 깊이 이해하고, 문학적 요소를 교육적 맥락에서 어떻게 활용할 수 있는지를 잘 알고 있어야 합니다. 교사가 문학에 대한 이해를 갖추는 것은 아이들에게 적합한 문학작품을 선택하고 이를 유아들의 발달 수준과 관심사에 맞게 전달하는 데 중요한 밑거름이 됩니다.

유아문학의 개념과 가치를 심도 있게 탐구하며, 문학교육이 단순히 지식 전달에 그치지 않고, 유아들에게 감성적, 창의적, 전인적 발달을 돕는 과정을 상세히 다루고자 했습니다. 유아문학이 재미있는 이야기와 더불어 어린이들에게 중요한 교훈과 삶의 지혜를 전달하고, 그들의 언어적, 인지적, 정서적 발달을 풍부하게 해준다는 점을 다양한 사례를 통해 설명하였습니다.

유아문학의 가치는 유아들에게 문학을 통해 삶의 의미를 발견하게 하고, 자신과 타인을 이해하며, 풍요롭고 감성적인 경험을 제공하는 데 있습니다. 문학은 아이들에게 새로운 세계로의 문을 열어주는 역할을 합니다. 따라서 교사는 단순히 유아들에게 책을 읽어주는 역할에 그치지 않고, 유아들이 문학을 통해 자신의 삶을 성찰하고 성장할 수 있는 길잡이가 되어야 합니다. 이 책이 유아문학의 교육적 가능성을 새롭게 발견하고, 예비 교사와 현직 교사들이 문학교육을 통해 유아들에게 더 깊은 학습 경험과 즐거움을 제공할 수 있도록 돕는 데 기여하기를 바랍니다.

특별히 유치원 현장에서 유아와 함께 문학교육을 실천한 귀한 사례를 나누어 주신 용인 동백유치원 문희선 선생님과 오산 다온유치원 박진선 선생님께 감사의 인사를 드립니다.

저자 일동

차 례

Part 2 유아문학교육과 그림책

Part 3 유아교육현장에서 문학교육 적용과 실제

PART 1

유아문학의 이해

Chapter 01

유아문학의 기초

✻ 학습 주제

유아문학의 기초, 유아문학의 이해

✻ 학습 목표

유아문학의 정의와 가치를 이해한다.

유아문학교육의 의미와 필요성에 대해 안다.

유아문학으로서 그림책 활용의 의미를 알아본다.

✻ 들어가는 말

문학이란 인간의 삶과 세계를 언어로 표현하여 독자에게 즐거움과 감동을 경험하게 하여 세계를 이해하는 관점에 영향을 주는 언어예술의 총체입니다. 그러면 유아문학이란 무엇일까요? 유아문학은 넓은 의미에서 문학과 아동문학에 포함되는 개념으로 '동심'에 초점을 두고 있습니다. 본 장에서는 유아를 대상으로 하는 유아문학의 정의와 가치를 알아보고 유아문학교육의 의미와 필요성을 살펴보겠습니다.

문학이란 인간의 사상이나 감정을 언어로 표현한 예술적 가치를 지닌 작품으로 시, 소설, 희곡, 평론, 수필, 일기 등이 해당된다. 문학은 인간의 삶과 세계를 언어로 표현하여 독자에게 즐거움과 감동을 경험하게 함으로써 세계를 이해하는 관점에 영향을 주는 언어예술의 총체라고 할 수 있다(정경미, 조메리명희, 2021, 재인용). 유아문학은 넓은 의미에서 이러한 문학의 범주에 포함되는 것이며, 학자에 따라 유아문학의 대상이 영유아에게 국한되는가, 교육성이 존재하는가 등에 차이점을 두긴 하지만 대체로 '동심'에 초점을 두고 있다. 이 장에서는 유아를 대상으로 하는 유아문학의 정의와 가치를 알아보고 유아문학교육의 의미와 필요성을 살펴보고자 한다.

1 유아문학의 정의와 가치

유아문학이란 일차적으로 유아기의 특수성을 고려한 문학으로, 유아에게 읽힐 목적으로 창작한 특수문학으로 동화 · 동요 · 동시 · 동극 등의 장르를 총칭한다. 즉, 유아문학은 출생에서 8세까지의 유아를 대상으로 발달적 특성을 고려한 내용과 형식을 갖춘 문학으로, 성인이 유아를 위하여 창작한 문학이다(이상금, 장영희, 2001). 일반문학과 유아문학을 구분 짓는 요소로서 문학의 대상, 내용, 형식 측면에서 유아문학의 개념을 구체적으로 살펴보면 다음과 같다(강재희, 길효정, 장민영, 2019; 서정숙, 남규, 2018).

1) 유아문학의 개념 및 정의

(1) 대상

유아문학의 대상은 일차적으로 유아이다. 유아를 대상으로 한 문학이라는 의미는 유아가 이해할 수 있고, 동일시할 수 있는 인물이 등장하며, 그것을 통해 욕구를 충족할 수 있거나 위로받을 수 있는 등, 독자로서의 유아를 고려한다는 것이다(서정숙 외, 2012). 유아문학의 독자가 유아에 한정되는 것인가라는 전제에 대해서는 학자에 따라 다른 견해가 존재한다. 석용원(1982)은 아동문학은 작가가 아동이나 동심의 고향으로 돌아가고 싶어 하는 어른에게 읽힐 것을 목적으로 창조한 시, 동화, 소설, 희곡 등으로 정의하였다. 이상현(1987)은 아동문학은 동심을 잃어버린 아동 외의 사람들에게 동심을 주기 위해 쓰여진 문학이라고 하였다. 이처럼 유아문학의 대상은 포괄적으로는 유아뿐만 아니라 동심 세계를 그리워하는 성인도 포함하고 있다. 그러나 일반적으로 유아문학은 '동심'의 세계에 초점을 두는 공통점이 있으며 성인이 유아를 대상으로 하여 창작한 문학작품이라고 할 수 있다.

(2) 내용

유아문학의 내용은 독자인 유아의 동심에 기초하므로 주요 글감은 유아의 삶 속에서 직·간접적으로 접하는 일상의 다양한 경험이 주가 된다. 즉, 실제 유아의 삶과 관련된 사실적인 내용부터 환상과 상상, 유머가 담긴 내용, 갈등적 내용까지 다양한 주제와 내용이 포함되며, 이를 통해 유아들은 자신들이 살고 있는 실제적인 삶뿐만 아니라 상상의 세계까지 경험한다(강재희 외, 2019). 또한 유아문학의 내용은 유아의 성장 발달에 유익한 것이어야 한다. 유아문학은 유아가 이해할 수 있는 언어를 사용하여 유아의 심정, 생활, 성장 발달에 도움이 되는 내용과 정신적인 요소를 내포하고 있다(이재철, 1983). 유아문학의 내용은 유아의 지적 호기심 충족, 간접 경험을 통한 세계관 형성, 자신과 타인에 관한 조망 능력 등을 고려해야 한다.

(3) 형식

유아문학의 형식은 장르로 표현될 수 있는데 유아문학은 출생부터 8세까지의 유아를 대상으로 하므로 동화와 동시(동요)로 제한된다. 이를 전래된 것과 창작된 것으로 구분하면 유아문학은 전래동화와 전래동시(동요), 창작동화와 창작동시(동요)로 구분되며, 창작동화는 다시 환상동화와 사실동화로 나뉠 수 있다.

이와 같은 유아문학의 형식을 고려할 때 그림과 언어가 결합된 그림책은 전래동화 그림책, 전래동요 그림책, 창작동화 그림책(환상 그림책, 사실 그림책), 창작동시(동요) 그림책으로 나뉠 수 있고, 아울러 그림만으로 구성된 글 없는 그림책이 포함된다.

2) 유아문학의 교육적 가치

유아문학이란 아동문학에 포함되는 것으로 유아기의 특수성을 고려한 유아들을 대상으로 한 문학이다. 문학과 관련하여 유아기의 특수성을 고려한다는 것은 유아들의 언어발달 단계를 고려하여 쉬운 단어와 문장으로 구성해야 하고, 성인과는 다른 유아들의 사고에 적합한 내용으로 흥미를 부여해야 하며, 유아들의 발달적 요구를 간접적으로 충족시켜 줌으로써 전인 발달을 돕는 것이어야 한다는 것이다(이대균, 백경순, 송정원, 이현정, 2021). 이러한 유아기의 특수성을 고려한 유아문학의 대표적인 형태가 바로 그림책이다. 그림책은 글과 그림으로 구성되어 있으며 유아들은 글(들려주는 이야기)과 그림(보여주는 이야기)의 관계를 이해하면서 이야기뿐만 아니라 그 느낌까지 경험하게 된다. 유아는 그림책 속의 주인공의 이야기를 통해 인간의 삶의 모습을 경험하게 되고 주인공의 삶의 기쁨과 슬픔 등의 감정을 동일시하거나 공유하며 전인적 인간으로 성장 발달해 나갈 수 있게 된다(김정원, 전선옥, 이연규, 2019). 맨터슨(Matterson, 1975)은 유아문학의 효과로써 사고의 확장, 어휘의 확장, 언어적 기술의 확장, 지식의 확대, 즐거움 및 대화 기회 제공, 육체적 휴식 제공 등을 강조하였다. 이처럼 유아문학의 가치는 곧 유아의 언어 및 인지발달, 사회 및 정서 발달, 창의성 및 심미적 발달 등과 연계되었음을 알 수 있다. 유아문학의 교육적 가치를 구체적으로 살펴보면 다음과 같다(강재희 외, 2019; 김민진, 2021; 김영애, 2020; 김정원 외, 2019).

① **유아문학은 유아에게 즐거움과 기쁨을 준다.** 유아는 그림과 재미있는 이야기를 통해 다양한 주제를 접하고 세상에 대한 호기심과 즐거움을 알게 된다. 그림책을 통해 즐거움과 기쁨을 경험한 유아들은 문학에 대한 흥미를 갖게 되고 책 읽기에 대한 긍정적 태도를 형성하여 이후 문학작품을 이해하고 감상하는 태도를 지닌 성인으로 성장하는 데에도 영향을 미친다.

누가 내 머리에 똥 쌌어? / 베르너 홀츠바르트 글 / 볼프 에를브루흐 그림 / 사계절, 2002

누가 내 머리에 똥 쌌어?는 누군가가 두더지 머리 위에 똥을 쌌고 화가 난 두더지가 누가 했는지 알아내려고 범인을 찾아가는 과정을 보여주는 이야기로 다양한 동물들이 보여주는 여러 가지 똥 이야기를 들으면서 유아들은 즐거움과 재미를 느낀다. 또한 '철퍼덕!', '쿠당탕당!', '철썩!' 등의 똥을 표현하는 의태어와 의성어는 유아들에게 말의 재미와 즐거움을 선사한다.

② **유아문학은 유아의 자연스러운 언어발달을 돕고 문해력을 향상시킨다.** 유아는 부모나 교사가 읽어주는 그림책의 내용을 반복하여 듣는 경험을 통해 다른 사람이 들려주는 이야기를 주의 깊게 듣고 이해하는 음성언어를 발달시킨다. 또한 그림책은 유아들이 생소한 어휘를 유추할 수 있는 그림이 제공되어 유아의 새로운 어휘 습득을 돕고, 그림책의 내용에 대해 상호작용하는 과정에서 생각과 느낌을 말함으로써 사회적 언어능력을 발달시킨다.

기차 ㄱㄴㄷ / 박은영 글 · 그림 / 비룡소, 1997

유아들이 좋아하는 기차를 따라가면서 ㄱ ㄴ ㄷ 여행을 경험할 수 있도록 구성한 그림책으로 생활 속에서 자주 접하고 좋아하는 물건들에 관한 재미있는 이야기를 통해 유아들이 자연스럽게 한글을 익힐 수 있도록 도와준다. 또한 그림책의 이야기와 그림을 통해 자연스러운 연상작용으로 한글의 아름다움을 느끼게 해준다.

③ **유아문학은 유아의 인지 및 문제해결력 발달을 돕는다.** 유아는 그림책의 주인공을 이해하고 자신이 경험해 보지 못했던 주인공의 정서에 감정이입 함으로써 타인의 입장을 고려하는 조망수용능력을 발달시키게 된다. 또한 다양한 소재와 내용의 그림책을 읽으면서 주변 세상에 대한 호기심을 가지며 관련된 지식과 정보를 습득하게 되며, 일상생활에서 직면하는 크고 작은 문제에 대한 문제를 해결할 수 있는 방법을 배우게 된다. 주인공이 어려움을 극복해 나가는 모습을 통해 자신의 문제를 해결할 수 있는 용기와 해결방법을 배우게 된다.

엄마의 의자 / 베라 윌리엄스 글 · 그림 / 최순희 역 / 시공주니어, 1999

엄마가 힘들게 일하시는 식당에서 잔심부름을 해주며 모은 동전과 엄마가 팁으로 받은 동전을 한 푼도 쓰지 않고 저금통에 모아 엄마를 위한 푹신한 의자를 사고 행복해 하는 이야기의 그림책이다. 주인공이 겪는 어려움을 생각해 보고 이를 극복해 가는 모습을 통해 배려, 나눔, 절약, 희망, 행복 등의 삶의 가치를 배울 수 있으며, 돈의 가치와 같은 경제 관련 지식 또한 얻을 수 있다.

④ **유아문학은 도덕적 판단 및 도덕적 추론 능력을 기르도록 돕는다.** 유아는 그림책 속 다양한 인물을 경험하면서 우리 사회에서 어떤 행동을 정의롭다고 보는지 또는 악하다고 보는지 등의 도덕적 판단 상황을 마주한다. 특히 도덕적 딜레마를 갖는 그림책은 그러한 상황에서 어떻게 행동하는 것이 옳은지, 누구의 행동과 결정이 어떤 점에서 올바른지 도덕적 판단 능력을 기르는 기회를 제공한다.

치과 의사 드소토 선생님 / 윌리엄 스타이그 글 · 그림 / 조은수 역 / 비룡소, 1995

생쥐이자 치과 의사인 드소토 선생에게 여우가 찾아와 이가 아프니 고쳐 달라고 사정한다. 드소토 선생은 여우가 교활한 것을 알기 때문에 잠시 망설이다가 치료해 주는데, 여우는 이를 치료하고 나면 선생을 잡아먹어야겠다고 마음먹는다. 이것을 알아차린 드소토 선생은 꾀를 내어 여우의 입을 붙여 벌리지 못하도록 한다. 드소토 선생은 자신을 잡아먹으려는 여우의 속셈을 알면서도 의사로서의 사명감 때문에 도덕적 딜레마에 처한다. 유아들에게 드소토 선생이라면 어떻게 행동해야 할지 도덕적 판단 또는 추론의 경험을 제공할 수 있다.

⑤ **유아문학은 유아의 다양한 욕구를 충족하여 긍정적 태도를 형성한다.** 유아는 그림책의 주인공 및 등장인물과의 공감을 통해 정서를 순화하고 욕구의 충족을 경험한다. 특히 유아들은 자기중심적 사고로 사회적 규범을 이해하기 어려운 상태임에도 성인의 통제를 받고 사회적 규범에 따라 자신들의 욕구를 억제하도록 교육받는다. 그림책을 통한 간접 경험은 현실의 한계를 벗어나길 바라는 유아의 욕구를 충족시킬 수 있으며, 크고 작은 어려움이 자신만의 어려움이 아님을 알고 좌절, 불안, 분노 등의 부정적 감성을 해소하여 정서적 안정감을 느끼게 한다. 또한 일상생활에서 일어나는 다양한 상황을 간접 경험하면서 생활 속에서 지녀야 할 적절한 습관과 삶에 대한 긍정적인 태도를 형성하게 된다.

무지개 물고기 / 마르쿠스 피스터 글·그림 / 공경희 역 / 시공주니어, 1994

무지개 물고기는 자신의 빛나는 비늘을 자랑으로 여기며 다른 물고기들과 어울리지 않는다. 어느 날, 한 물고기가 빛나는 비늘을 달라고 하자 처음에는 거부하지만 점차 자신의 비늘을 나눠 주며 기쁨과 우정의 가치를 깨닫게 된다. 마지막에는 모든 물고기들과 함께 어울리며 진정한 행복을 느끼게 된다. 유아들이 타인과의 관계를 이해하며 나눔의 기쁨을 배우는 등 긍정적 태도를 발달시킬 수 있다.

⑥ **유아문학은 유아의 상상력과 창의성 발달을 돕는다.** 유아는 그림책을 통해 현실에서 일어날 수 없는 소망이나 상상하는 일들을 경험하면서 상상력과 창의력을 기를 수 있다. 실제로 경험하지 않는 현상이나 사물에 대해 마음속으로 그려보는 상상력은 주변 세계에 대한 유아의 흥미를 높이고 사고 활동으로 이어져 창의력 발달의 기초가 된다. 그림책에 나타난 문학적 상상력을 감상하는 과정에서 유아 자신의 상상력을 키우고 창의성이 증진된다.

괴물들이 사는 나라 / 모리스 샌닥 글 · 그림 / 강무홍 역 / 시공주니어, 1994

늑대 옷을 입고 장난치던 맥스가 엄마에게 벌을 받아 방에 갇히게 되는데, 맥스의 방이 강으로 변해 배를 타고 괴물들의 나라로 가서 괴물들과 즐겁고 행복하게 놀다가 다시 돌아오는 내용의 그림책이다. 현실에서 일어날 수 없는 상상세계를 경험하면서 상상력과 창의성을 증진시킨다.

⑦ **유아문학은 유아의 심미안을 기르며, 글과 그림을 통합적으로 감상하는 능력을 길러준다.** 유아는 그림책 속의 아름다움을 감상하는 경험을 통해 심미안을 기르며, 글과 그림을 통합적으로 감상하는 능력을 기른다. 그림책 속에서 작가가 선택한 우수한 문체와 삽화를 감상함으로써 아름다운 언어를 읽는 즐거움을 경험하고 좋은 언어가 주는 기쁨을 경험한다.

⑧ **유아문학은 유아들에게 다양한 문화를 접하고 이해할 수 있게 한다.** 유아는 그림책 속의 다양한 나라, 다양한 상황의 사람들에 대한 경험을 통해 타 문화와 개인을 이해하는 능력을 발달시키며, 다양한 문화에 대한 사고를 확장할 수 있다.

태양으로 날아간 화살 / 제럴드 맥더멋 글 · 그림 / 김명숙 역 / 시공주니어, 1996

푸에블로 인디언의 설화를 바탕으로 하늘 아버지와 땅 어머니 사이에서 태어난 태양신의 표징을 몸에 지니고 살게 된 아이가 결국 시련을 극복하고 태양신의 전령이 된다는 내용의 옛이야기 그림책으로 다양한 문화를 접할 수 있다. 또한 작가가 제시한 기하학적 모양의 그림과 노랑과 주황의 강력한 원색을 사용한 삽화들은 세계 여러 문화의 이야기를 전달하는 데 효과적이며, 유아로 하여금 타 문화에 대한 호기심을 불러일으킨다.

2 유아문학교육의 의미와 필요성

유아문학의 가치는 유아의 언어, 인지, 사회, 정서, 창의성 및 심미적 발달 등에 도움을 준다는 점에서 매우 중요하다. 이러한 문학의 가치는 유아가 그림책을 비롯한 동요, 동시 등 다양한 장르의 문학작품을 듣고 보고 읽는 과정에서 문학작품의 내용과 형식, 구성 등을 경험하고 그 과정에서 문학의 즐거움을 느끼며 이로 인해 얻어진 경험이 삶의 과정에 도움이 될 때 극대화된다. 따라서 유아문학이나 그림책을 단순히 교수매체로 활용하여 유아의 언어, 수학, 과학, 도덕교육 등을 실시하는 것만으로는 유아에게 문학교육을 한다고 보기 어렵다. 유아에게 문학을 교육하는 것에 대한 의미와 목적, 그 필요성에 대해 살펴보면 다음과 같다(김영애, 2020; 서정숙 외, 2018).

1) 유아문학교육의 의미와 목적

유아에게 문학교육의 의미는 '문학에 대한 교육', '문학을 통한 교육', '문학교육'으로 나눌 수 있다(서정숙 외, 2018). '문학에 대한 교육'은 문학을 하나의 학문 영역으로 간주하고 누적된 지식을 가르치는 것이고, '문학을 통한 교육'은 문학의 효용성에 초점을 두어 그림책과 같은 문학작품을 다양한 교과 내용을 가르치기 위한 교육자료로 활용하는 것이다. '문학교육'은 문학작품을 통해 문학의 내용과 형식을 경험함으로써 문학이라는 고유영역을 경험하는 것이다. 유아에게 문학을 교육하는 측면에서 이 세 가지 모두 부분적으로는 필요한 부분이 있지만, 기본적으로 유아문학교육은 문학을 하나의 학문 또는 교육방법으로 활용하는 것에서 나아가 유아가 문학작품을 통해 문학의 내용과 형식을 경험함으로써 문학이라는 예술 양식을 경험하는 데 초점을 두어야 한다.

유아기에는 유아 스스로 문학작품을 접하기 어렵고 성인의 도움이 필요하다는 점에서 부모나 교사의 계획에 의한 교육적 관점이 강조되는 측면이 있다. 더욱이 그림책과 같은 문학작품은 유아기에 다른 교과의 교육 내용을 전달하기 위한 매우 유용한 교육자원이기 때문에 교육현장에서 흔히 사용되는 교수매체이다. 그러나 우리가 주목해야 할 부분은 인간이 지니고 있는 사람과 자연, 사물에 대한 호기심과 감수성, 다양한 정서, 상상력과 창의성 등이 유아기에 '문학'을 통해 풍부해지도록 해야 한다는 점이다. 유아문학교육은 유아가 문학작품이 지닌 본연의 특성과 의미를 충분히 경험하고 예술성과 즐거움을 느끼는 과정에서 존재해야 한다. 유아문학교육은 유아가 문학작품을 경험하고 감상하기 위한 교육으로 이 과정에서 교사는 문학경험을 통해 달성해야 할 목표와 내용, 교수방법을 계획하고 이를 적용하여 유아가 문학을 충분하게 이해하고 경험할 수 있도록 해야 한다(강재희 외, 2022).

이에 따른 유아문학교육의 목적은 유아가 문학작품을 이해하고 즐길 줄 아는 지식(knowledge), 감상(appreciation) 능력과 태도(attitude)를 기르도록 하는 것이다. 유아기에는 다양한 문학작품을 경험하면서 사회가 공유하는 지식과 경험, 통용되는 가치에 대한 통찰력 등이 길러지게 되는데, 이는 제공된 환경, 자료, 경험 등을 통해 능동적으로 발달한다(김영애, 2022). 유아들이 문학교육을 통해 인간의 가치 있는 삶을 내면화할 수 있다는 점을 고려할 때 유아문학교육의 목적은 특정 분야의 기술 습득을 증진시키는 것보다는 유아가 그림책을 듣고 보고 읽는 과정에서 문학적 감수성과 소양을 키움으로써 그림책을 통해 얻은 경험이 삶에 도움이 되도록 하는 데 있다(강재희 외, 2019; Bromley, 1996). 즉, 유아들이 다양한 문학작품을 통해 문학적 즐거움을 느낌으로써 문학에 대한 이해와 감상, 문학적 태도를 기르도록 해야 한다.

2) 유아문학교육의 필요성

유아들이 문학을 즐길 줄 아는 능력과 태도를 형성하기 위해서는 교육목표와 내용, 방법, 평가 등의 체계를 갖춰 교사가 가르칠 수 있는 유아문학교육이 필요하다. 그 이유를 구체적으로 살펴보면 다음과 같다(서정숙 외, 2018).

첫째, 문학작품은 문화적 산물이며, 사회적 지식을 가르치는 측면에서 유아문학교육이 필요하다. 문학작품을 구성하는 내용과 형식은 사회적 지식으로 구성되어 있기 때문에 문학을 교육한다는 것은 곧 사회적 지식으로서의 문학을 교육한다는 것과 같다. 사회적 지식이란 사회 구성원에 의해 만들어진 약속에 대한 지식이며, 사회적 약속인 언어로 이루어진 문학작품은 유아에게 직접적 행위를 통해 전달되기보다는 교사나 부모를 통해 전달된다. 즉, 문학작품은 언어로 구성되어 교사에 의해 유아에게 전달되며, 유아는 전달되는 언어, 문화, 가치 등의 경험을 통해 사회적 지식을 습득한다.

둘째, 다차원적인 문학의 즐거움을 위한 교육적 접근 차원에서 유아문학교육이 필요하다. 문학작품에는 유아가 습득할 가치가 있는 고유의 교육내용인 '문학의 즐거움'이 담겨있다. 유아들은 교사나 부모와 함께 책 읽는 과정을 통해 책이 주는 문학적 즐거움을 경험하는 것이 필요하다. 문학적 즐거움이란 책 읽는 과정에서 즉각적 자극에 의한 즐거움이 아닌 이야기에 대한 즐거움, 새로운 인물에 대한 즐거움, 감정이입의 즐거움, 언어에 대한 즐거움 등 정서적 순화, 언어적 향상, 감동적 경험에 의한 즐거움을 말한다. 이러한 다차원적인 즐거움은 교사의 체계적인 교육적 접근이 있을 때 실현된다.

셋째, 문학은 의미예술이며, 문학작품 속의 의미를 다양하게 구성하고 감상하기 위한 측면에서 유아문학교육이 필요하다. 유아가 그림책과 같은 문학작품을 통해 작가가 세상에 전달하고자 하는 의미를 이해하기 위해서는 그림책 속의 글과 그림의 의미를 해석하고 감상할 수 있어야 한다. 또한 작품 속 언어와 인물을 유아의 경험과 감각에 기반하여 해석함으로써 자신만의 의미를 새롭게 구성하는 것이 필요하다. 이를 위해 교사는 유아가 문학작품을 읽는 과정 중에 생각과 느낌을 자유롭게 이야기할 수 있도록 안내하고, 작품에 대한 감상을 풍부하게 함으로써 다양한 의미를 재구성할 수 있도록 지도할 필요가 있다.

3 유아문학으로서 그림책 활용의 의미

성인문학과 마찬가지로 유아문학에도 다양한 장르(genre)가 있다. 장르는 라틴어에서 유래된 것으로 문학작품을 유형별로 구분하여 체계화하기 위해 사용된다. 장르는 문학의 특성을 일정한 기준에 따라 분류함으로써 문학을 체계적으로 이해하는 데 도움을 준다. 유아문학의 장르는 크게 운문(동요, 동시)과 산문(전래동화, 창작동화, 사실동화 등)으로 구분하는데, 유아에게 일반적으로 가장 많이 사용되는 형태인 그림책을 하나의 독립된 장르로 보는 경향도 있다(이상금, 2003). 그림책은 동화 등을 전달하는 매체적 특성을 가지고 있으나 최근 그림책에 다양한 장르의 유아문학이 포함되고 그림책을 중심으로 유아문학이 다뤄지는 추세에 따라 본 서에서는 그림책을 유아문학교육의 중점 유형으로 간주하고 그림책 활용의 의미를 알아보고자 한다(서정숙 외, 2018).

첫째, 유아들은 그림책을 통해 책에 대한 긍정적 인식과 태도를 형성한다. 대부분의 유아들이 처음 접하는 책은 그림책이다. 유아들이 처음 접하는 그림책에 대한 긍정적 경험 하게 되면 이후 책 읽기에 대한 긍정적 태도를 형성하게 되며, 그림책에서 발견한 재미를 통해 감동을 얻고 이러한 재미는 유아들로 하여금 책을 읽게 하는 주요 동기가 된다. 그림책은 유아들에게 책을 사랑하고 즐기는 좋은 습관을 형성하게 한다. 따라서 교사는 유아들에게 그림책을 자주 읽어주고 접할 수 있도록 환경을 구성해 주며 책 읽기의 즐거움을 경험하도록 도와주어야 한다.

둘째, 유아들은 그림책을 듣기 문학으로 경험하며, 문학적 감성을 키우고 읽기 문학의 기초를 익힌다. 유아기는 언어발달을 고려할 때 책을 유창하게 읽기 어려운 시기이며, 이를 곧 듣기 문학의 시기라고 한다. 유아는 교사나 부모가 읽어주는 이야기를 들으면서 새로운 언어를 배우고 등장인물과 배경에 대해 상상하는 등 이후 글을 읽을 수 있을 때 필요한 지식, 기술, 태도를 익히게 된다. 따라서 교사가 그림책을 읽어줄 때 등장인물의 성격이나 상황, 배경 등이 이해되기 쉽도록 그 특징을 살려 읽어줄 필요가 있으며, 이를 통해 유아들이 내용을 잘 이해하고 상상력을 키울 수 있도록 도와주어야 한다.

셋째, 유아들은 그림책을 통해 글 언어와 그림 언어의 관계와 두 언어가 형성하는 의미를 통합적으로 깨닫는다. 그림책은 대부분 글과 그림으로 구성되어 있으며, 글이나 그림 모두 그림책의 내용을 전달하는데 주요한 비중을 차지한다. 그림책은 글 언어와 그림 언어가 단순히 결합된 것이 아니라, 유기적으로 연결되어 있으며 이러한 관계를 읽어내는 것이 그림책 감상의 본질이다. 유아들은 글과 그림으로 표현된 그림책의 내용에 대해 생각하고 예측하고 시각화하면서 그림책을 읽는 과정을 통해 글 언어와 그림 언어가 형성하는 의미를 통합적으로 이해한다. 따라서 교사는 그림책을 읽어줄 때 적절한 상호작용을 통해 글 언어와 그림 언어를 함께 이해할 수 있도록 도와주어야 한다.

넷째, 유아들은 그림책 읽기 활동 시 비계설정에 따라 이해와 감상이 달라지기 때문에 교사의 매개 역할이 중요하다. 유아는 언어 발달상 누군가가 책을 읽어줘야만 하고 이때 책을 어떻게 읽어주는냐에 따라 이해와 감상의 정도, 반응의 형태가 달라진다. 따라서 그림책 읽어주기 활동 시 유아교사의 비계설정이 매우 중요하다. 그림책 읽기 과정에서 교사는 유아의 발달 정도에 따라 사전 경험을 그림책의 내용과 연결하고, 그림책에 관한 느낌과 생각을 나누고, 새로운 정보와 지식을 제공하고, 유아의 반응에 긍정적으로 반응하는 등 다양한 경험을 제공해야 한다.

생각 해보기

본 장에서는 유아를 대상으로 하는 유아문학의 정의와 가치를 알아보고 유아문학교육의 의미와 필요성을 살펴보았습니다. 본 장의 내용을 아래 조별 활동을 통해 정리해 보세요.

- 조별로 그림책을 1권 선택하여 조원 중 한 사람이 조원들에게 이야기를 들려준다.

〈그림책 예시〉

피터의 의자 / 에즈라 잭 키츠 글 · 그림 / 이진영 역 / 시공주니어, 1996

이슬이의 첫 심부름 / 쓰쓰이 요리코 글 / 하야시 아키코 그림 / 한림, 1991

구름빵 / 백희나 글 · 그림 / 한솔수북, 2019

설빔 / 배현주 글 · 그림 / 사계절, 2007

- 이야기를 듣고, 선택한 그림책이 지닌 유아문학의 교육적 가치를 다음 8가지에 근거하여 분석해 본다.

① 유아문학은 유아에게 즐거움과 기쁨을 준다.
② 유아문학은 유아의 자연스러운 언어발달을 돕고 문해력을 향상시킨다.
③ 유아문학은 유아의 인지 및 문제해결력 발달을 돕는다.
④ 유아문학은 도덕적 판단 및 도덕적 추론 능력을 기르도록 돕는다.
⑤ 유아문학은 유아의 다양한 욕구를 충족하여 긍정적 태도를 형성한다.
⑥ 유아문학은 유아의 상상력과 창의성 발달을 돕는다.
⑦ 유아문학은 유아의 심미안을 기르며, 글과 그림을 통합적으로 감상하는 능력을 길러준다.
⑧ 유아문학은 유아들에게 다양한 문화를 접하고 이해할 수 있게 한다.

Chapter

02

유아문학의 역사

✻ 학습 주제

유아문학의 역사, 한국 아동문학의 역사, 서양 아동문학의 역사

✻ 학습 목표

유아문학의 역사적 흐름을 이해한다.

한국과 서양 아동문학의 발전 과정을 비교한다.

주요 아동문학상과 수상작을 통해 유아문학의 가치를 탐구한다.

✻ 들어가는 말

유아문학은 특정 시대의 문화와 가치를 반영하며, 역사를 통해 그 다양한 형태와 주제를 이해할 수 있습니다. 유아를 대상으로 한 문학은 비교적 짧은 역사를 지니지만, 아동문학으로 그 범위를 확장하면 더욱 깊이 있는 이해가 가능합니다. 본 장에서는 한국과 서양 아동문학의 역사적 흐름을 탐색하고, 주요 아동문학상과 수상작을 살펴보며 유아문학의 발전 과정을 알아보겠습니다.

유아문학을 이해하기 위해 역사를 살펴보는 것은 필수적이다. 유아문학은 특정 시대의 문화와 가치를 반영하므로, 그 역사를 통해 문학에 담긴 다양한 형태와 주제를 이해할 수 있다. 그러나 유아를 대상으로 하는 문학의 역사는 19세기 이후에야 본격적으로 시작되어 상대적으로 짧은 역사를 지니고 있다. 이에 따라 유아문학의 역사를 아동문학의 범주로 확장하여 한국 아동문학의 역사와 서양 아동문학의 역사적 흐름을 탐색하고, 주요 아동문학상과 수상작을 살펴보고자 한다. 이러한 접근을 통해 유아문학을 보다 깊이 이해할 수 있을 것이다.

1 한국 아동문학의 역사

한국 아동문학은 20세기 초 시작하여 현재까지 큰 변화와 발전을 거듭해 왔다. 각 시기마다 다른 상황이나 문화가 반영되었으며, 다채로운 경험과 가치를 전달하려는 노력이 이어졌다. 이러한 한국 아동문학의 역사는 연구자의 시각에 따라 시대를 다양하게 나누고 있지만, 일반적으로 1908년 최남선이 창간한 한국 최초의 잡지 〈소년〉을 아동문학의 출발점으로 인식하고 있다. 본 장에서는 1908년을 기점으로 아동문화운동시대, 아동문학운동시대, 아동문학 중흥기, 아동문학 확장 발전기로 구분하여 살펴보고자 한다(강재희, 길효정, 장민영, 2022; 김현희, 박상희, 2020; 서정숙, 남규, 2020; 신헌재, 권혁준, 곽춘옥, 2009; 이재철, 1983).

1) 아동문화운동시대(1908년~1945년)

아동문화운동시대는 과도기적이며 계몽주의적 성향을 지닌 기간으로, 아동문학은 단순히 문학적 창작물이 아닌 민족 운동의 흐름 속에서 자리하고 있었다. 1908년 최남선이 창간한 한국 최초의 잡지 〈소년〉은 한국 아동문학의 초기를 열었으며, 우리나라 최초의 근대적 종합 교육지이자 아동문학 잡지의 효시라고 할 수 있다. 〈소년〉은 아동교양물로 구성되었으며, 『거인국 표류기』, 『이솝 이야기』, 『로빈슨 무인절도 표류기』와 같은 번안물이 주였다. 또한 최초의 신체시인 '해에게서 소년에게', 선구적 창작동요인 '우리 운동장'이 발표되기도 하였다. 이후 최남선은 〈붉은 져고리〉, 〈아이들보이〉, 〈새별〉 등의 아동 잡지를 발간하며 아동문학의 선구자로서의 역할을 수행했다.

이후 방정환의 의해 초창기 아동문학이 본격적으로 시작되었다. '어린이'라는 단어를 처음으로 사용한 방정환은 1923년 잡지 〈어린이〉를 창간하며 본격적인 아동문예지로서 동요 · 동화 · 극본 등을 게재하였다. 특히 윤극영의 '반달', 이원수의 '고향의 봄'과 같은 창작동요를 다수 게재하여 동요 황금시대를 가져왔다. 같은 시기에 마해송은 어린이잡지 〈새별〉에 최초의 순수 창작동화인 『바위나리와 아기별』(1923)을 발표하였다.

[그림 2-1] 잡지 〈소년〉

출처: 한국민족문화대백과사전

[그림 2-2] 잡지 〈어린이〉

출처: 국립한글박물관

1930년대부터는 계몽적, 민족의식 고취의 수단에서 나아가 아동문학의 문학성에 대한 관심이 커지면서 발흥기를 맞이하였다. 1933년 윤석중은 우리나라 최초의 동시집인 『잃어버린 댕기』를 출판하며 동시를 문학적인 영역으로 확대하였다. 산문문학에서는 마해송의 두 번째 창작동화집인 『해송동화집』(1934), 노양근의 『어깨동무』(1942), 이구조의 단편 아동소설집 『까치집』(1940) 등이 발표되었다.

[그림 2-3] 잡지 〈아이생활〉

출처: 국립한글박물관

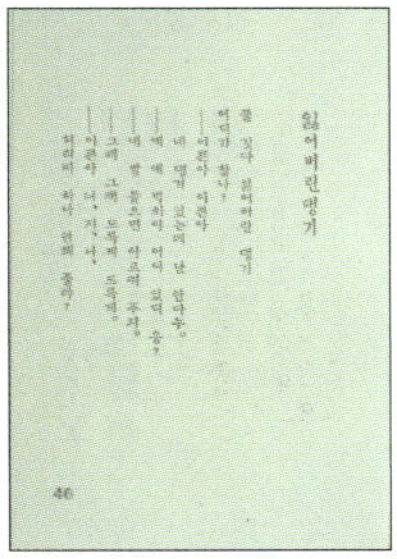
잃어버린 댕기

[그림 2-4] 동시집 『잃어버린 댕기』

출처: 한국민족문화대백과사전

1940년대 들어서면서 창씨개명, 일본어 사용을 강요하는 일제강점기 정책하에 아동문학도 수난을 겪게 되었다. 1940년 〈소년조선일보〉가 폐간되고, 1944년 선교사의 도움으로 명맥을 유지하던 아동잡지 〈아이생활〉까지 폐간되며 아동문학의 암흑기를 맞이하게 되었다.

2) 아동문학운동시대(1945년~1988년)

아동문학운동시대는 광복을 맞이하게 되면서 이전의 계몽적인 문화운동에서 벗어나 문학으로서의 아동문학을 위한 본격적인 아동문학운동이 시작되었다. 1945년 광복 이후 정치, 사회, 경제적 혼란이 계속되었으며, 좌우익의 분열된 사회의 모습은 아동문학계에도 영향을 미쳤다. 그러나 이러한 혼란 속에서도 우리말을 되찾게 된 기쁨으로 인해 출판 활동이 활기를 띠며, 다양한 작품과 잡지가 나오게 되었다. 대표적으로 우익 잡지인 〈소년〉, 〈소학생〉, 좌익 잡지인 〈별나라〉, 〈새동무〉, 아동문학 전문지인 〈아동문학〉 등이 출간되었다. 이 시기는 특히 산문문학이 활발하게 전개되었으며, 소년 소설이 대두되었다.

이후 대한민국 정부가 수립된 지 2년 만에 한국전쟁이 일어나며 혼란이 지속되었고, 출판시설이 파괴되며 아동문학 역시 혼란 속에서 대중의 기호와 흥미를 따르는 상업 문학이 등장하였다. 각종 월간지, 일간지의 소년판과 같은 통속적 정기간행물이 쏟아져 나왔으며, 흥미 위주의 소년 소설, 탐정물, 만화를 전문으로 하는 잡지가 등장하기도 하였다. 그러나 순수 아동문학가들의 활동도 미약하지만 이어져 이원수의 『숲속나라』(1948), 강소천의 『꽃신』(1953) 등이 맥을 이었다.

[그림 2-5] 동화 『숲속 나라』

출처: 국립어린이청소년도서관

[그림 2-6] 동화 『꽃신』

출처: 국립어린이청소년도서관

1960년대 정치적, 사회적 변혁이 시작되면서 아동문학계 역시 문학적 반성과 자각이 이루어졌다. 이 시기 동인 중심의 순수아동문학단체가 결성되고, 소천 아동문학상, 해송 동화상, 세종 아동문학상과 같은 각종 아동문학상이 제정되며 창작활동이 활발해지기 시작하였다. 또한 국가가 주도한 어린이책 보급과 독서 활성화 정책을 통해 『한국 아동문학 전집』(1964), 『강소천 아동문학 전집』(1964), 『소파 아동문학 전집』(1969) 등 개인 전집과 세계 명작 시리즈 출판이 이루어졌다. 1962년에는 최초의 근대적 의미의 창작 그림책인 한문당의 그림책 시리즈인 김인평의 『창경원』이 출판되었으며, 이후 1966년 계몽사에서 발행한 우경희의 그림동요집 『어깨동무 씨동무』, 1967년 정일 출판사의 『어린이 그림 위인전 시리즈』와 같은 그림책이 출간되기 시작하였다.

이후 1970년대에는 아동문학의 본질과 아동문학의 독자, 범위 등 아동문학의 비평이 활발해지며 1976년에 〈아동문학평론〉, 〈아동문예〉가 창간되었다. 또한 주제의식이 강하고 전통성을 재창조하려는 의지가 담긴 동화들이 주목을 받았으며, 예로 1973년에는 김인평이 그린 『그림 붙은 위인 이야기 – 성웅 이순신』이 출판되었다.

1980년대 들어서며 출판사들이 전문 아동문학가들의 창작집을 기획 · 제작하기 시작하며 창작동화와 아동소설의 전집이 활발하게 출판되었다. 특히 이 시기는 유아문학에 대한 관심이 증대되며 인지발달을 목표로 한 유아용 그림책, 학습 위주의 전집물이 대량 출판되고, 컬러 인쇄, 그림책의 그림 예술성에 대한 관심 등을 통해 그림책에 대한 관심이 늘어나며 아동문학의 성장이 이루어졌다. 1988년 류재수의 『백두산 이야기』(류재수)는 단행본으로 출판된 최초의 창작 그림책으로, 우리나라 신화와 전통적인 소재, 특유의 색감이 돋보이는 그림책으로 삽화가 아닌 일러스트레이션으로 그림이 자리 잡은 대표적인 사례이다.

백두산 이야기 / 류재수 글 · 그림 /
보림, 2009

3) 아동문학 중흥기(1988년~2000년)

아동문학 중흥기는 한국 아동문학이 양적 · 질적으로 빠르게 성장하며, 제2의 발전을 향한 도약을 시작한 시기였다. 1990년대에는 세계저작권협약에 따라 국내 저작권법이 수차례 개정되며 외국 저작물의 무단 복제 출판 금지됨에 따라, 국외 문학상 수상작이나 존 버닝햄, 에즈라 잭 키츠, 히야시 아키코 등 유명 작가들의 그림책이 번역되어 활발하게 출판되었다. 그러나 우리나라 정서와 맞지 않는 내용, 번역의 오류 등으로 인한 문제와 1991년 방문판매법의 제정으로 전집물 판매가 위축됨에 따라 1990년대 중반부터는 국내 작가에 의한 창작이 활기를 띠게 되었다. 대표적으로 1994년 정승각의 『까막나라에서 온 삽사리』는 한국적인 정서를 드러내는 소재와 색, 기법으로 한국 창작 그림책 활성화의 첫걸음을 내디뎠다.

다양한 소재와 주제를 다룬 작품이 창작되면서 양적 팽창을 이루면서도, 세계적으로 우리나라 그림책이 인정받기 시작했다. 1989년 브라티슬라바 국제 일러스트레이션 비엔날레에서 강우현의 『사막의 공룡』이 황금패상을 수상하였고, 1990년 류재수의 『백두산 이야기』가 볼로냐 그림책 공모전에서 지명 작가로 선정되었을 뿐만 아니라 1992년 김의숙의 『피노키오의 모험』이 볼로냐 일러스트레이션 공모전에서 수상하였다. 이에 따라 1990년대 후반부터는 아동문학 출판 시장이 더욱 확대되며 빠른 성장세를 보이기 시작했다.

까막나라에서 온 삽사리 / 정승각 글 · 그림 / 초방책방, 1994

사막의 공룡 / 타지마 신지 글 / 강우현 그림 / 한림, 1992

더불어 동화를 위한 비평 모임과 독서문화활동이 전개되면서 어린이를 위한 도서 선정, 독서 지도를 지원하는 '어린이도서연구회', '초방' 등의 전문 모임이 활성화되었다. 또한 1995년에는 국제아동청소년도서협의회(International Board on Books for Young people: IBBY)의 한국 위원회(KBBY)가 결성되면서, 국내외 아동문학 전문가 네트워크를 형성하고 국제 도서전 개최 등을 통해 활발한 교류를 시작하게 되었다.

4) 아동문학 확장발전기(2000년대~현재)

아동문학 확장발전기에는 양적, 질적인 팽창이 지속되고 있으며, 국제 도서상에서 많은 작품들이 수상을 차지하며 한국 아동문학의 질적 수준이 인정받기 시작했다. 2000년대부터는 주제나 형식이 다양해지며 여러 작가의 개성있는 작품이 출판되고 있는데, 대표적인 특징은 다음과 같다.

첫째, 한국의 문화, 역사, 정서를 담아내려는 노력이 이어지고 있다. 예를 들어 2003년 『훨훨 간다』(권정생 글, 김용철 그림), 2004년 『경복궁』(이승원), 2006년 『어처구니 이야기』(박연철), 2007년 『망태 할아버지가 온다』(박연철), 2009년 『돌로 지은 절 석굴암』(김미혜 글, 최미란 그림), 2016년 『효녀로다 효녀로다』(김복태) 등의 작품들이 한국의 역사와 문화를 소재로 하였다.

경복궁 / 이승원 글·그림 / 초방책방, 2004

어처구니 이야기 / 박연철 글·그림 / 비룡소, 2006

효녀로다 효녀로다 / 김복태 글·그림 / 보림, 2016

둘째로, 이미 출판된 아동문학 작품이 그림책 형식으로 재탄생되기도 하였다. 대표적으로 1996년 『강아지똥』(권정생 글, 정승각 그림), 2000년 『고양이』(현덕 글, 이형진 그림), 2001년 『메아리』(이주홍 글, 김동성 그림) 등이 있으며, 동시를 그림책으로 만든 2004년 『넉 점 반』(윤석중 시, 이경영 그림)도 있다.

강아지똥 / 권정생 글 / 정승각 그림 / 길벗어린이, 1996

넉 점 반 / 윤석중 시 / 이영경 그림 / 창비, 2004

셋째로 국내 그림책이 세계 각지로 번역되어 출간되면서 그림책이 세계화되고, 국제 도서상 수상이 확대되고 있다. 뉴욕타임즈 '최우수 어린이 그림책'으로 2002년 『노란 우산』(류재수), 2003년 『도대체 그동안 무슨 일이 일어났을까?』(이호백), 2008년 『파도야 놀자』(이수지)가 선정되었다. 또한 볼로냐 라가치상에서는 2004년 『지하철은 달려온다』(신동준)를 시작으로 해마다 많은 성과를 내고 있다. 이 외에도 BIB 상에서는 2005년 『새가 되고 싶어』(한병호)가 황금사과상을 수상하였으며, 2019년 『세상 끝까지 펼쳐지는 치마』(명수정)까지 황금사과상을 수상하며 꾸준히 수상작을 배출하고 있다. 이 외에도 2020년 한국 최초로 백희나 작가가 아스트리드 린드그렌상을 수상한데 이어, 2022년 이수지 작가는 그림책의 노벨상으로 여겨지는 안데르센 화가상을 수상하였다.

새가 되고 싶어 / 한병호 글·그림 / 시공주니어, 2009.

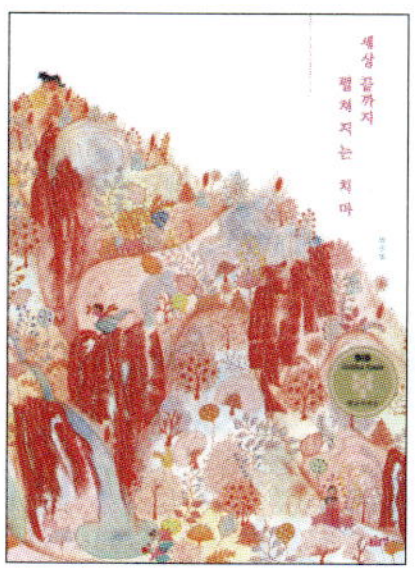

세상 끝까지 펼쳐지는 치마 / 명수정 글·그림 / 글로연, 2019

파도야 놀자 / 이수지 글·그림 / 비룡소, 2009

2 서양 아동문학의 역사

서양 아동문학은 19세기를 기점으로 하여 아동에 대한 새로운 관점이 등장하면서 근대화의 과정을 거쳤다. 언어, 문화, 기술의 발전을 토대로 서양 아동문학은 근대화, 현대화를 이루었으며, 이러한 변화는 오늘날 서양 아동문학이 다양한 형태와 특성을 갖추는 데 중요한 원동력이 되었다. 본 장에서는 근대적 개념의 아동문학이 시작된 19세기를 기준으로, 19세기 이전을 아동문학 초기, 아동문학 근대화기, 아동문학 발전기, 아동문학 확장발전기로 구분하여 살펴보고자 한다(강재희, 길효정, 장민영, 2022; 김현희, 박상희, 2020; 서정숙, 남규, 2020).

1) 아동문학 초기(19세기 이전)

19세기 이전은 근대적 의미의 아동문학이 형성되기 전의 시기였다. 이전까지는 주로 학습용 서적이나 교훈용 책, 종교교육을 위한 책이 주를 이루었다. 1658년에 출판된 코메니우스(Johann Comenius)의 『세계도회(Orbis Sensualium Pictus)』는 교육목적을 가진 어린이용 책으로, 근대적 의미의 최초의 그림책으로 평가받고 있다. 이 책에는 신, 자연, 사회, 기술 등의 다양한 분야에 대한 150여 개의 목판화 그림과 그림에 대한 설명이 달려있으며, 시각적 학습의 중요성을 강조한 정보 그림책의 효시라고 할 수 있다.

[그림 2-7] 『세계도회』,
출처: https://commons.wikimedia.org/wiki/File:Orbispictus.JPG

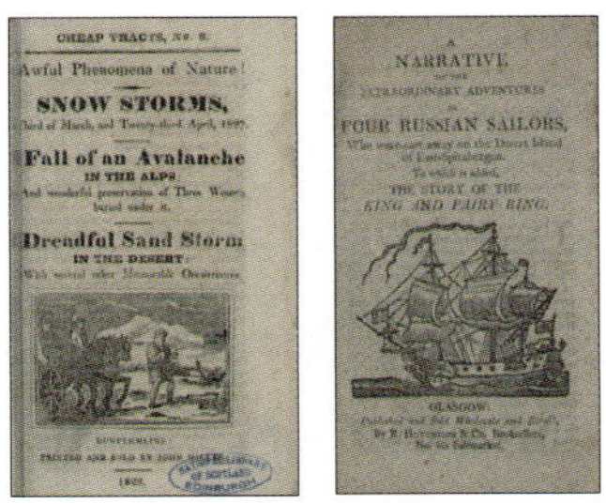

[그림 2-8] 챕북
출처: https://www.europeana.eu/en/blog/chap-books-the-poor-persons-reading-material

18세기 초반부터 유럽, 특히 영국을 중심으로 널리 보급된 작은 책인 챕북(Chapbook)은 저렴한 비용으로 제작되어 대중적으로 유통되었다. 챕북은 다양한 내용을 다루었는데, 그중에는 동화, 전설, 도덕 등 아동을 대상으로 하는 내용도 포함되어 있었다. 소설을 각색하여 출판된 다니엘 디포(Daniel Defoe)의 『로빈슨 크루소』, 조나단 스위프트(Jonathan Swift)의 『걸리버 여행기』 등이 인기를 끌었다. 챕북은 이야기의 길이가 짧고 내용이 간결하며, 많은 그림과 함께 소형으로 제작되어 오늘날 그림책과 많은 유사성을 지니고 있다.

영국의 뉴베리(John Newbery)는 18세기에 등장한 어린이 도서 출판의 선구자로, 챕북을 포함하여 최초로 아동도서를 출간하였다. 뉴베리의 작품은 『구두 두 켤레 이야기』, 『마더 구스의 멜로디』 등을 포함해 200여 종에 달하며, 이를 통해 어린이 독자층에 다양한 읽을거리를 제공하였다. 뉴베리는 아동도서 제작에 새로운 방향을 제시하였으며, 이를 기리기 위하여 1922년부터 미국에서는 가장 뛰어난 아동 도서에 뉴베리상을 수여하고 있다.

또한 이 시기에는 주로 전승 문화가 아동문학의 중요한 원천이 되었다. 작가들은 전통적인 이야기를 재구성하고, 문학적 요소를 추가하며 아동문학의 기초를 마련해 나가기 시작했다. 프랑스에서는 장 드 라퐁텐(Jean de La Fontaine)이 이솝 우화를 자신만의 문체로 각색하여 1668년 우화집 『우화시(Fables)』를 출판하였으며, 독자들에게 지혜와 교훈을 전달하며 어린이에게 좋은 읽을거리를 제공하였다. 이후에는 현대 동화의 아버지로 여겨지는 샤를르 페로(Charles Perrault)는 아동을 대상으로 한 문학 작품을 썼으며, 대표작으로는 『신데렐라』, 『잠자는 숲속의 미녀』, 『푸른 수염』, 『장화 신은 고양이』 등이 있으며 오늘날 전 세계적으로 사랑받는 고전이 되었다. 샤를르 페로는 어린이를 직접적인 독자로 설정하였다는 점에서 최초의 아동문학 작가로 평가받고 있다. 또 독일의 그림 형제(Jacob Grimm, Wilhelm Grimm)는 독일 및 유럽의 민담과 전설을 수집하고 출판하였으며, 대표작으로 1812년, 1815년 출간한 『어린이와 가정을 위한 동화』가 있으며 여기에는 『백설공주』, 『헨젤과 그레텔』, 『개구리 왕자』 등이 포함되어 있다.

2) 아동문학 근대화기(19세기)

19세기에는 로크(John Locke)와 루소(Jean Jacque Rousseau)의 사상이 아동 중심의 관점을 강조하며, 아동문학의 발전과 변화에 큰 영향을 미쳤다. 교육적 목적이 강화되고, 문학의 수준이 향상되며 아동문학에서는 어린이들을 위한 창의적이고 상상력이 넘치는 이야기가 출판되기 시작했고, 판타지, 모험, 가족 이야기 등 장르가 풍부해지기 시작하였다. 이러한 흐름은 19세기 말에 이르러 그림책의 출간으로 이루어졌다.

근대적 아동문학의 창시자로 평가되는 한스 안데르센(Hans Christian Andersen)은 덴마크의 작가로, 아름다운 이야기와 독특한 상상력을 기반으로 1835년 『어린이를 위한 동화집』을 시작으로 약 150편의 동화를 발표하였다. 대표작으로는 『인어공주』, 『미운 오리 새끼』, 『눈의 여왕』, 『벌거벗은 임금님』, 『성냥팔이 소녀』 등이 있으며, 이러한 작품들은 창작 문학의 기틀을 마련했다고 할 수 있다.

또 다른 아동문학의 새로운 지평을 연 캐럴(Lewis Carroll)은 영국의 작가이자 수학자로, 대표작으로는 1865년 『이상한 나라의 앨리스』와 그 속편 『거울 나라의 앨리스』가 있다. 기존의 교훈적이고 도덕적인 이야기에서 벗어나 어린이들의 상상력을 자극하고 즐거움을 주는 이야기를 창조했으며, 창의적인 언어 표현이 담겨있어 다양한 해석을 가능하게 하는 복잡성을 가지고 있으며 세계적으로 사랑받는 작품이 되었다.

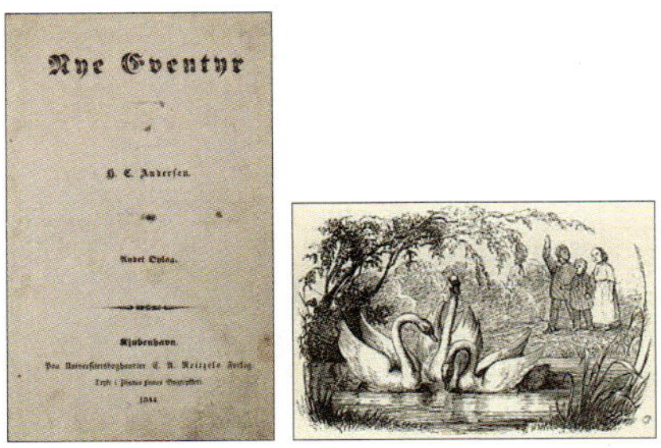

[그림 2-9] 『신동화』 중 1권, '미운 오리 새끼' 삽화

출처: https://kids.kiddle.co/

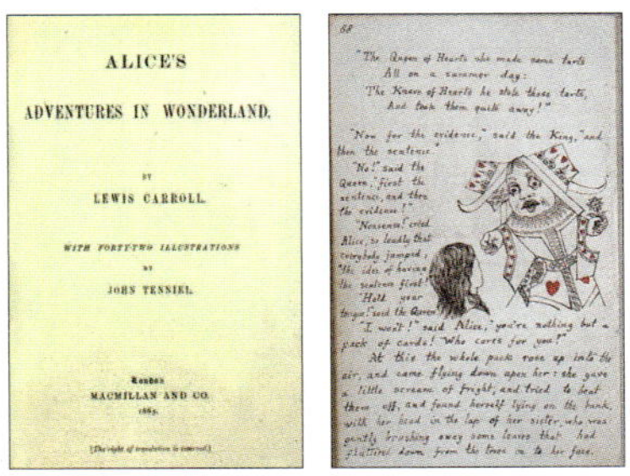

[그림 2-10] 『이상한 나라의 앨리스』

출처: https://kids.kiddle.co/

프랑스 작가 베른(Jules Verne)은 과학소설 장르의 초기 개척자로, 과학적 이론에 기반한 상상력 넘치는 모험 이야기를 출판하였다. 베른의 작품은 당시로는 상상하기 어려웠던 발명품과 모험을 포함하고 있으며, 그 중 비행기, 잠수함, 우주여행 등은 이후에 실제로 과학 발전을 통해 실현되었다. 대표작으로는 1863년 『풍선 속에서의 5주일』, 『지구에서 달까지』, 『해저 2만리』, 『80일간의 세계 일주』 등이 있다. 이탈리아에서도 콜로디(Carlo Collodi)의 『피노키오의 모험』이 1881년부터 어린이 잡지에 2년간 연재되며, 이후 책으로 출판되었다. 나무인형 피노키오가 진짜 인간이 되기 위해 겪는 모험을 그리며, 도덕적 교훈, 환상, 유머가 결합된 이야기로 어린이들에게 즐거움과 감동을 주었다.

이상의 환상 이야기 외에도 사실적인 이야기를 소재로 한 작품들도 등장하였다. 미국의 마크 트웨인(Mark Twain)의 대표작인 『톰 소여의 모험』, 『허클베리 핀의 모험』 등을 통해 미국 미시시피강 주변에 사는 소년들의 꿈과 모험 이야기를 생생하게 그려냄으로써 당시 미국 사회의 모습을 효과적으로 표현하였다. 이 외에도 올컷(Lousia M. Alcott)의 『작은 아씨들』, 버넷(F. H. Burnett)의 『소공자』 등 낭만적인 요소가 포함된 가족의 이야기가 19세기 아동문학에서 중요한 테마로 자리 잡았다.

3) 아동문학 발전기(20세기)

20세기 아동문학은 기술, 사회, 문화의 급격한 변화와 함께 큰 전환점을 맞이하였다. 이 시기는 '아동의 세기'라고도 불리며 아동의 권리와 복지에 대한 인식이 높아짐에 따라, 판타지에서 현실주의에 이르기까지 이들의 목소리와 경험을 중시하는 작품이 많아지기 시작했다. 또한 아동문학은 두 차례의 세계대전의 영향 이후 전쟁의 영향을 반영한 작품이 등장하기 시작했으며, 그림책의 주요 시장이 유럽에서 미국으로 이동했다. 인쇄기술의 발전과 함께 그림책의 생산 및 배포가 대폭 증가되었고, 국제화에 따라 문화 교류를 통해 다양한 배경을 가진 작가들이 등장하였다.

20세기에 대표적인 고전작품이 탄생하였는데, 영국에서는 제임스 배리(James Matthew Barrie)의 『피터팬』과 앨런 밀른(Alan Milne)의 『곰돌이 푸』, 프랑스에서는 생텍쥐페리(Antoine de Saint-Exupéry)의 『어린왕자』, 미국에서는 라이먼 프랭크 바움(Lyman Baum)의 『오즈의 마법사』와 엘윈 화이트(Elwyn White)의 『샬롯의 거미줄』 등이 어린이들의 상상력을 자극하는 작품으로 사랑받았다.

영국의 크레인(Walter Crane), 칼데콧(Randolph Caldecott), 그린어웨이(Kate Greenaway)와 같은 초기 그림책 발전에 기여한 개척자들이 있었으며, 이들을 이어받아 베아트릭스 포터(Beatrix Potter)의 『피터 래빗 이야기』와 같은 그림책이 출현하였다. 또 완다 가그(Wanda Gag)는 1928년 흑백 일러스트로 『백만 마리 고양이』를 창작하여 그림책의 황금기를 열었고, 이 작품은 그림이 양쪽 페이지를 넘나드는 대담한 구성으로 현대 그림책의 출발점으로 인정받는다. 또한 1942년 출판된 버지니아 리 버튼(Virginia Lee Burton)의 『작은 집 이야기』는 시간의 흐름에 따라 변화하는 한 작은 집을 통해 도시화와 자연의 소중함을 주제로 다루며, 간결하면서도 표현력이 풍부한 그림과 이야기로 구성되어 그림책으로서 사랑받았다.

백만 마리 고양이 / 완다 가그 글·그림 / 강무환 역 / 시공주니어, 1994

작은 집 이야기 / 버지니아 리 버튼 글·그림 / 시공주니어, 1993

1919년 미국 출판협회가 시작한 '아동 도서 주간' 프로젝트와 아동도서관 설립을 기점으로, 1922년에는 영국의 작가 존 뉴베리의 이름을 딴 아동문학상을 제정하여 매년 최고의 아동 도서를 선정하기 시작했다. 1938년에는 그림책을 대상으로 한 최초의 상인 칼데콧상이 제정되며, 미국 아동문학은 급속도로 발전하여 세계 그림책 시장에서 중심적인 역할을 맡게 되었다.

2차 세계대전 이후 그림책의 발전이 가속화되었으며, 특히 인쇄기술의 진보로 인해 새로운 시각적 효과를 구현할 수 있게 되었다. 1941년 로버트 맥클로스키(Robert McCloskey)의 『아기 오리들한테 길을 비켜 주세요』는 오리 부부의 안식처를 찾는 여정을 그린 그림책으로, 생동감 넘치는 입체적이고 사실적인 그림으로 그림을 단순히 보는 것에서 느끼는 경험으로 독자를 이끄는 새로운 시대를 열었다고 평가받고 있다. 에즈라 잭 키츠(Ezra Jack Keats)는 1962년 발표된 아프리카계 미국인 어린이의 일상을 그린 『눈 오는 날』을 그렸으며, 1963년 칼데콧 상을 수상하였다. 에즈라 잭 키츠의 그림책에는 다양한 문화적 배경을 가진 어린이들이 등장하며, 콜라주, 마블링 기법을 포함한 독특한 미술 기법의 사용으로 그림책 분야에 혁신적인 기여를 한 작가로 평가받고 있다. 또 모리스 샌닥(Maurice Sendak)은 어린이의 내면세계와 상상력을 깊이 있고 복잡한 방식으로 탐구하여 환상의 세계를 연 현대 그림책 예술의 거장으로 평가받으며, 대표작으로는 칼데콧상을 수상한 1963년 『괴물들이 사는 나라』, 칼데콧 명예상을 수상한 1970년 『깊은 밤 부엌에서』 등이 있다.

눈 오는 날 / 에즈라 잭 키츠 글·그림 / 김소희 역 / 비룡소, 1995

괴물들이 사는 나라 / 모리스 샌닥 글·그림 / 강무홍 역 / 시공주니어, 1994

이 외에 미국에서 활동한 작가와 대표작으로는 마가렛 와이즈 브라운(Margaret Wise Brown)의 『잘 자요, 달님』, 빌 마틴 주니어(Bill Martin Jr.)와 에릭 칼(Eric Carle)의 『갈색 곰아, 갈색 곰아, 무얼 바라보니?』, 에릭 칼(Eric Carle)의 『아주 아주 배고픈 애벌레』, 몰리 뱅(Molly Garrett Bang)의 『소피가 화나면, 정말 정말

화나면』, 『종이학』, 제럴드 맥더멋(Gerald McDermott)의 『태양으로 날아간 화살』, 『거미 아난시』, 레오 리오니(Leo Lionni)의 『파랑이와 노랑이』, 『으뜸 헤엄이』 등이 있다.

영국의 그림책 분야는 한 때 침체기를 겪었으나, 1960년대부터 다시 활성화되기 시작했다. 이 시기를 대표하는 작가로는 찰스 키핑(Charles Keeping), 브라이언 와일드 스미스(Brian Wildsmith), 존 버닝햄(John Burningham) 등이 있다. 특히 존 버닝햄(John Burningham)의 현실과 환상의 경계가 모호한 그림, 자유롭고도 편안한 그림 스타일과 쉽고 반복적인 어휘, 간결하고도 따뜻한 이야기로 그림책 장르의 발전에 크게 기여했으며, 대표작으로는 케이트 그린어웨이 상을 수상한 1963년 『깃털없는 기러기 보르카』, 1970년 『검피 아저씨의 뱃놀이』가 있다. 또 앤서니 브라운(Anthony Browne)은 그림책 분야에서 독창적인 작품과 혁신적인 그림으로 대중적인 인기를 얻었으며, 일상의 사물이나 상황에 환상적 요소를 결합시키고 세밀하고 풍부한 표현력으로 그림 속에 숨겨진 상징을 통해 다층적인 이야기를 전달한다. 대표작으로는 1983년 케이트 그린어웨이 수상작 『고릴라』, 1992년 케이트 그린어웨이 상을 받은 『동물원』, 『돼지책』, 『우리 엄마』 등이 있다.

4) 아동문학 확장발전기(21세기~)

21세기는 첨단 기술의 발전, 글로벌화, 사회문화적 다양성 증가와 같은 현대 사회의 변화가 아동문학에도 영향을 주기 시작했다. 그림책의 독자층이 넓어지기 시작하며 소재, 내용, 매체, 기법 등이 다양해지고 디지털 및 멀티미디어 요소가 통합되며 새로운 시도들이 나타나고 있다. 또한 인터넷과 소셜 미디어의 발달로 전 세계의 작품을 공유하며 현대 사회가 직면한 중요한 문제들, 다양한 문화적, 사회적 배경에 대한 주제들이 다루어지기 시작했다.

21세기 그림책의 특징으로 대상 독차층이 영아부터 성인까지 확장되며, 연령대와 독자층에 맞게 다양한 주제와 스타일을 다루어 단순한 아동용 도서를 넘어 모든 세대가 즐길 수 있는 예술 작품으로 자리매김하고 있다. 영아를 위한 그림책의 경우 선명한 색채, 쉽고 단순한 반복 구조를 통해 이야기를 전달한다. 그 예로 크리스 호튼(Chris Haughton)의 『쉬잇! 다 생각이 있다고』는 다채로운 색감과 반복되는 말놀이의 매력이 담겨있으며, 2015년 에즈라 잭 키츠 상을 수상하였다. 성인을 위한 그림책은 인생, 사랑, 죽음, 우정 등 복잡하고 다양한 주제를 다루며, 독자에게 깊은 사색과 감동을 선사한다. 또한, 이야기를 통해 다양한 관점에서 생각할 기회를 제공하고, 새로운 시각적 경험을 통해 즐거움을 재발견하게 한다. 대표적인 예로 숀 탠(Shaun Tan)의 『빨간 나무』는 초현실주의 화풍의 그림으로 현대사회의 절망과 희망을 섬세한 감수성으로 표현하며, 다비드 칼리(Davide Cali)의 『인생은 지금』은 삶에 대한 내용을 다루며 고민하게 만든다.

쉬잇! 다 생각이 있다고 / 크리스 호튼 글·그림 / 노은정 역 / 비룡소, 2017

빨간 나무 / 숀 탠 글·그림 / 김경연 역 / 풀빛, 2019

또한 21세기 그림책은 포스트모더니즘의 영향을 받아 기존의 관념에 도전하는 반편견, 패러디의 내용이 등장하기 시작하였다. 이러한 작품들은 전통적인 동화의 구조를 변형시키거나, 기존의 이야기에 새로운 해석을 더하고 새로운 관점에서 바라볼 수 있는 기회를 제공한다. 대표 작품으로는 전형적인 공주 이야기를 뒤집어 동화 속 공주가 드레스가 아닌 종이 봉지를 입고 용에게 잡혀간 왕자를 구하기 위해 모험을 떠나는 로버트 문치(Robert Munsch)와 마이클 마첸코(Michael Martchenko)의 『종이 봉지 공주』, 옛이야기 '아기돼지 세 마리'를 현대적으로 재해석하고, 그림책과 환상의 세계를 넘나들면서 풀어나가는 이야기인 2002년 칼데콧상 수상작인 데이비드 위즈너(David Wiesner)의 『아기돼지 세 마리』가 있다. 그림책 최초로 뉴베리상과 칼데콧 명예상을 동시에 수상한 맷 데 라 페냐(Matt De La Peña), 크리스티안 로빈슨(Christian Robinson)의 『행복을 나르는 버스』는 빈곤, 유색인종, 장애 등 사회적 다양성과 이를 다룬 접근 방식을 보여준다.

종이 봉지 공주 / 로버트 문치 글 / 마이클 마첸코 그림 / 김태희 역 / 비룡소, 1998

행복을 나르는 버스 / 맷 데 라 페냐 글 / 크리스티안 로빈슨 그림 / 김경미 역 / 비룡소, 2016

또한 21세기 아동문학은 오디오, 비디오, 인터랙티브 애니메이션 등의 멀티미디어 요소가 결합되어 제작, 배포, 소비 방식에 큰 변화를 불러왔다 이러한 요소가 통합된 작품은 독자에게 더욱 풍부하고 몰입감 있는 경험을 제공하고, 스마트폰, 태블릿 같은 다양한 디지털 기기를 통해 언제 어디서나 그림책에 접근할 수 있는 가능성을 열어 주었다. 이를 위해 종이책과 전자책이 동시에 출간되는 사례가 점차 증가하고 있다. 또한 애플리케이션과 연동하여 증강현실 기술을 활용해 책을 감상하는 새로운 방식도 등장하고 있다. 예를 들어 유지우의 『여우 목도리』는 증강현실 기법으로 그림에 생동감을 더하고 숨겨진 결말을 제공하며 독자들에게 입체적인 경험을 선사한다. 한편 소셜미디어, 유튜브, 비디오 공유 플랫폼 등 다양한 온라인 채널과 QR코드를 통해 출판사들이 북트레일러를 제공하고 있으며, 이를 통해 책에 대한 관심과 호기심을 자극하여 독서를 장려하는 데 기여하고 있다.

여우 목도리 / 유지우 글·그림 / 봄볕, 2023

〈이파라파냐무냐무 북트레일러〉, 사계절TV

출처: https://youtube/jMJcQSYMy2c?si=Td7gQ3R-dAN5Nfqqs

3 주요 아동문학상

아동문학과 그림책에 대한 관심이 높아지면서, 20세기 이후 전 세계 여러 나라에서 다양한 문학상이 제정되기 시작했다. 아동문학상 가운데 가장 역사가 오래된 상은 1922년 미국에서 제정된 뉴베리상이며, 이외에도 칼데콧상, 케이트 그린어웨이상, 한스 크리스티안 안데르센상, 볼로냐 라가치상, 아스트리드 린드그렌드상 등이 대표적이다. 한국에서도 아동문학의 발전과 함께 아동문학상을 제정하고 수여하기 시작했으며, 대표적인 상으로는 비룡소 황금도깨비상, 보림그림책 창작스튜디오, 나미콩쿠르 등이 있다.

1) 서양 아동문학상

(1) 뉴베리상(John Newbery Medal)

뉴베리상은 미국의 최고 권위를 가진 어린이 문학상 중 하나로 1922년에 처음으로 수여되었으며, 그 이후로 매년 우수한 아동문학 작품에 수여되고 있다. 미국도서관협회(American Library Association)에서 주관하는 이 상은 18세기 최초로 아동도서를 출간한 영국의 출판가인 존 뉴베리(John Newbery)의 이름을 따서 명명되었으며, 어린이를 위한 도서 분야에 독창적인 창작활동을 장려하기 위하여 시작되었다. 뉴베리상은 뉴베리상 메달과 뉴베리 명예상으로 나뉘며, 수상 작가는 미국 시민 또는 미국 거주자로 제한된다.

1922년 제1회 뉴베리상 수상작은 판 론(Hendrik Willem van Loon)의 『인류 이야기(The Story of Mankind』이며, 수상작 중 대표적인 그림책은 크리스티안 로빈슨(Christian Robinson), 맷 데 라 페냐(Matt De La Peña)의 『행복을 나르는 버스』, 뉴베리 명예상 수상작인 1929년 완다 가그(Wanda Gag)의 『백만 마리 고양이』, 1983년 윌리엄 스타이그의 『치과 의사 드소토 선생님』, 2006년 재클린 우드슨(Jacqueline Woodson)의 『엄마가 수놓은 길』 등이 있다.

치과 의사 드소토 선생님 / 윌리엄 스타이그 글·그림 / 조은수 역 / 비룡소, 1995

엄마가 수놓은 길 / 재클린 우드슨 글 / 허드슨 탤봇 그림 / 최순희 역 / 주니어RHK, 2022

(2) 칼데콧상(Caldecott Medal)

칼데콧상은 미국의 어린이 그림책을 대상으로 한 가장 권위 있는 상으로 1938년 처음으로 수여되었으며, 매년 출판된 그림책 중 가장 뛰어난 예술적인 표현을 보여 준 그림책 삽화가에게 수여되고 있다. 미국도서관협회(American Library Association)에서 주관하는 이 상은 19세기 영국의 삽화가인 랜돌프 칼데콧(Randolph J. Caldecott)의 이름을 따서 명명되었으며, 그림책 속의 삽화와 그림 표현의 우수성을 평가한다. 칼데콧상은 칼데콧상 메달과 칼데콧 명예상으로 나뉘며, 뉴베리상과 마찬가지로 미국 시민 또는 미국 거주자로 제한된다.

1938년 제1회 칼데콧상 수상작은 헬렌 딘 피쉬(Helen Dean Fish), 도로시 라트롭(Dorothy P. Lathrop)의 『Animals of the Bible』이며, 수상작 중 대표적인 그림

책은 1942년 로버트 맥클로스키(Robert McCloskey)의 『아기 오리들한테 길을 비켜 주세요』, 1964년 모리스 샌닥(Maurice Sendak)의 『괴물들이 사는 나라』, 1992년 데이비드 위즈너(David Wiesner)의 『이상한 화요일』, 2000년 심스 태백(Simms Taback)의 『요셉의 작고 낡은 오버코트가…?』 등이 있다.

이상한 화요일 / 데이비드 위즈너 글·그림 / 비룡소, 2002

요셉의 작고 낡은 오버코트가…? / 심스 태백 글·그림 / 베틀북, 2000

(3) 케이트 그린어웨이상(Kate Greenaway Medal)

케이트 그린어웨이상은 영국에서 매년 주최되는 그림책 일러스트레이션 상으로 1956년 처음으로 수여되었으며, 아동 및 청소년 대상 작품 중 영어로 영국에서 초판이 발행된 그림책에 수여되고 있다. 영국 도서관협회(Chartered Institute of Library and Information Professionals)에서 주관하는 이 상은 19세기 영국의 여성 일러스트레이터인 케이트 그린어웨이(Kate Greenaway)의 이름을 따서 명명되었으며, 예술성, 시각적 경험, 그림과 텍스트의 조화 등을 평가한다. 2022년부터 카네기 일러스트레이션상(Carnegie Medal for Illustration)으로 명칭이 변경되어, 영국에서 유일하게 아동문학 작품 중 뛰어난 일러스트레이션 작품에 수여하고 있다.

1956년 제1회 케이트 그린어웨이상 수상작은 에드워드 아르디조네(Edward Ardizzone)의 『Tim All Alone』이며, 수상작 중 대표적인 그림책은 1963년 존 버닝햄(John Burningham)의 『깃털없는 기러기 보드카』, 1983년 앤서니 브라운(Anthony Browne)의 『고릴라』, 2014년 칼데콧상과 동시에 케이트 그린어웨이상을 수상한 존 클라센(Jon Klassen)의 『이건 내 모자가 아니야』 등이 있다.

고릴라 / 앤터니 브라운 글·그림 / 장은수 역 / 비룡소, 1998

이건 내 모자가 아니야 / 존 클라센 글·그림 / 서남희 역 / 시공주니어, 2013

(4) 볼로냐 라가치상(BolognaRagazzi Award)

볼로냐 라가치상은 국제적 수준에서 가장 아름답고 혁신적인 그림책에 수여되는 상으로, 1966년 처음으로 제정되었다. 매년 3월 이탈리아 볼로냐에서 열리는 세계 최대규모의 국제아동도서전(Bologna Children's Book Fair)의 주최 측이 전 세계의 아동문학 작품을 대상으로 선정하며, 도서전 개막식 당일 수여하는 상으로 픽션, 논픽션, 오페라 프리마(생애 첫 책), 코믹스, 유아 총 5가지 주요 분야와 해마다 달라지는 특별 분야로 나뉘어 예술성과 창의성이 우수한 작품에 수여한다. 수상작품은 도서전 현장과 웹사이트에서 홍보되며, 전시가 끝난 후 전세계 아동도서전에 순회 전시된다. 한국 작가들은 2004년 픽션 부문 우수상 조호상, 윤미숙의 『팥죽 할멈과 호랑이』, 논픽션 부문 우수상 신동준의 『지하철은 달려온다』를 시작으로 거의 매년 볼로냐 라가치상을 수상하고 있다.

볼로냐 라가치상은 그림책의 발전과 세계적인 아동문학의 다양성을 증진시키는데 주요한 역할을 하고 있으며, 수상작 중 대표적인 그림책은 1998년 픽션 부문 대상 에스르트 얀들(Ernst Jandl), 노르만 융에(Norman Junge)의 『다음엔 너야』, 2017년 픽션 부문 대상 올리버 제퍼스(Oliver Jeffers), 샘 윈스턴(Sam Winston)의 『책의 아이』, 2021년 코믹스-유아 부문 대상 이지은의 『이파라파냐무냐무』 등이 있다.

다음엔 너야 / 에른스트 얀들 글 / 노르만 융에 그림 / 박상순 역 / 비룡소, 2001

책의 아이 / 올리브 제퍼스, 샘 스윈턴 글 · 그림 / 이상희 역 / 비룡소, 2017

(5) 한스 크리스티안 안데르센상(Hans Christian Andersen Award)

한스 크리스티안 안데르센상은 국제적으로 가장 권위 있는 상 중 하나로 아동문학의 작가와 일러스트레이터에게 수여하며, 작가상은 1956년, 일러스트레이터상은 1966년부터 격년으로 수여되고 있다. 국제 아동 도서협의회(International Board on Books for Young People. IBBY)가 주관하고, 작가의 평생의 작품을 통해 아동문학에 중요하고 지속적인 공헌을 한 작가와 일러스트레이터를 선정한다. 아동문학계의 노벨상이라고도 불리는 이 상은 후보로 선정되는 것만으로도 작가와 일러스트레이터들에게 영광으로 여겨진다.

대표적인 작가상 수상자로는 2004년 『잠이 안 오니, 작은 곰아?』의 마틴 워델(Martin Waddell), 2020년 『엄마가 수놓은 길』의 재클린 우드슨(Jacqueline Woodson) 등이 있다. 일러스트레이터상 수상자로는 2000년 『돼지책』의 앤서니 브라운(Anthony Browne), 2006년 『누가 내 머리에 똥 쌌어?』의 볼프 에를브루흐(Wolf Erlbruch), 2010년 『고함쟁이 엄마』의 유타 바우어(Jutta Bauer) 등이 있다. 2022년에는 한국인 최초로 『동물원』, 『파도야 놀자』의 이수지 작가가 일러스트레이터상을 수상하여 대한민국 그림책의 위상을 한층 높였다.

잠이 안 오니, 작은 곰아? / 마틴 워델 글 / 바바라 퍼스 그림 / 이지현 역 / 비룡소, 1997

파도야 놀자 / 이수지 글 · 그림 / 비룡소, 2009

(6) 아스트리드 린드그렌상(Astrid Lindgren Memorial Award)

아스트리드 린드그렌상은 매년 국제 아동문학계에서 탁월한 기여를 한 작가에게 수여하는 상으로, 2002년부터 수여되고 있다. 스웨덴 정부의 예술위원회에서 주관하는 이 상은 세계적인 스웨덴 아동문학 작가인 아스트리드 린드그렌(Astrid Lindgren)의 정신을 기리고 아동문학에 대한 관심을 높이기 위해 그 이름을 따서 명명되었다. 아동문학계에서 갖는 권위와 상금의 규모(5,000,000 스웨덴 크로나/약 6억 원)로 인하여 한스 크리스티안 안데르센상과 함께 아동문학계의 노벨상으로 불린다.

2003년 1회 아스트리드 린드그렌상 수상자는 동화 작가인 크리스티네 뇌스틀링거(Christine Nöstlinger)와 『괴물들이 사는 나라』의 모리스 샌닥(Maurice Sendak)이다. 대표적인 수상자로는 2011년 『빨간 나무』의 숀 탠(Shaun Tan), 2023년 『모두 가 버리고』의 에바 린드스트롬(Eva Lindström)이 있다. 2020년에는 한국인 최초로 『달샤베트』, 『장수탕 선녀님』, 『알사탕』의 백희나 작가가 수상하여 전 세계에 한국 아동문학을 알리는 데 크게 기여했다.

빨간 나무 / 숀 탠 글·그림 / 김경연 역 / 풀빛, 2019

장수탕 선녀님 / 백희나 글·그림 / 스토리보울, 2024

2) 한국 아동문학상

(1) 비룡소 황금도깨비상

비룡소 황금도깨비상은 한국을 대표하는 어린이 문학상 중 하나로 1992년에 제정되었다. 이 상은 동화 부문과 그림책 부문으로 나누어 우수한 작품에 수여되며, 국내 출판사인 비룡소가 주관한다. 황금도깨비상은 한국 아동문학의 발전을 장려하고 신진 작가를 발굴하기 위해 시작되었으며, 신인 및 등단 10년 이내 기성 작가를 대상으로 한다. 각 부문별로 대상과 우수상을 선정하며 수상작은 다음 해에 출간된다.

1992년 첫 회에는 수상작이 없었으나 다음 해 나애경의 『작은 새의 눈물』이 처음으로 대상을 받았다. 수상작 중 대표적인 그림책은 2005년 박연철의 『어처구니 이야기』, 2016년 정진호의 『벽』 등이 있다.

어처구니 이야기 / 박연철 글·그림 / 비룡소, 2006

벽 / 정진호 글·그림 / 비룡소, 2016

(2) 보림그림책 창작스튜디오

보림그림책 창작스튜디오는 2000년 그림책 창작 공모전으로 시작하여, 창의적이고 독창적인 국내 작품을 발굴하고 수상작에 출판을 지원하는 방식으로 운영되었다. 2013년부터는 보림그림책 창작스튜디오로 명칭을 변경하고, 그림책 출간을 목표로 작가와 작품 출판을 지원을 지원하는 형식으로 전환되었다. 국내 출판사인 보림이 주관하는 이 상은 국내 그림책 창작을 활성화하고 작품성이 뛰어난 그림책을 발굴하기 위하여 시작되었다. 이후 전환된 보림그림책 창작스튜디오를 통해 선정된 작가는 1년 동안 그림책 작업에 필요한 다양한 지원을 받으며, 최종 완성된 작품의 출판까지 창작 활동을 펼칠 수 있는 기회를 얻게 된다.

2000년 제1회 보림 창작 그림책 수상작은 최숙희의 『누구의 그림자일까?』이며, 수상작 중 대표적인 그림책은 2002년 김동수의 『감기 걸린 날』, 2005년 이혜란의 『우리 가족입니다』 등이 있다. 보림그림책 창작스튜디오를 통해 출판된 작가의 그림책에는 2016년 권정민의 『지혜로운 멧돼지가 되기 위한 지침서』, 이미나의 『터널의 날들』 등이 있다.

감기 걸린 날 / 김동수 글 · 그림 / 보림, 2022

지혜로운 멧돼지가 되기 위한 지침서 / 권정민 글 · 그림 / 보림, 2016

(3) 나미콩쿠르(NAMI CONCOURS)

나미콩쿠르는 2013년 남이섬 국제 그림책 일러스트레이션 공모전으로 시작하여, 국제적으로 작가들의 작품을 소개하고, 높은 수준의 어린이 그림책 창작을 지원하는 형태로 진행되고 있다. 남이섬세계책나라축제국제위원회(NAMBOOK International Committee)가 주관하는 이 상은 전세계 일러스트레이터들의 창작활동을 지원하고, 그림책 일러스트레이션의 수준 향상에 기여하기 위하여 만들어졌다. 나미콩쿠르는 그랑프리(대상), 골든아일랜드, 그린아일랜드, 퍼플아일랜드 등 여러 부문으로 시상되며, 수상자에게는 상패와 상금이 수여된다. 나미콩쿠르 수상작은 매년 개최되는 남이섬세계책나라축제에서 시상되며, 국내외 순회전시를 통해 다양한 독자들에게 소개될 기회가 주어진다.

2013년 나미콩쿠르 20213의 그랑프리 수상작은 김성희의 『목탁의 마법 같은 소리』이며, 수상작 중 대표적인 그림책은 김지민의 『하이드와 나』, 마르코스 과르디올라(Marcos Guardiola)의 『운이 좋은 행복한 한스(Lucky/Happy Hans)』 등이 있다.

운이 좋은 행복한 한스(Lucky/Happy Hans) / 마르코스 과르디올라(Marcos Guardiola) / Tara Books, 2018

출처: http://www.chamnews.net/news/articleView.html?idxno=215806

하이드와 나 / 김지민 글·그림 / 한솔수북, 2017

생각 해보기

본 장에서는 유아문학의 역사적 흐름과 발전 과정, 아동문학상을 살펴보았습니다. 배운 내용을 기반으로 아래 활동을 진행해 보세요.

1. 조별로 유아문학상 기획하기
   - 조별로 상의 이름과 의미를 정합니다.
   예: '푸른 동심상', '상상력 불꽃상', '문학의 씨앗상' 등
   - 이름에 담긴 의미를 설명하세요.

2. 수상 기준 설정하기
   - 다음 질문을 참고하여 상의 수상 기준을 정합니다.
   ① 어떤 문학적 가치를 중요하게 여길 것인가?
   : 상상력, 창의성, 감동, 교육적 요소 등
   ② 어떤 대상(작품/작가)에게 상을 수여할 것인가?
   : 신인 작가, 특정 주제의 작품, 시대를 초월한 영향력 있는 작품 등
   ③ 유아문학의 역사적 흐름 중 어떤 특징을 반영할 것인가?

3. 대표 수상작 선정하기
   - 상의 기준에 따라 과거 또는 현대의 유아문학 작품 중 한 편을 선정하고, 그 이유를 설명합니다.
   예: "이 상은 아이들에게 상상력과 모험심을 심어준 작품을 선정합니다. 그래서 『이상한 나라의 앨리스』가 적합하다고 판단했습니다."

4. 발표 준비
   - 각 조는 다음 내용을 발표합니다.
   ① 상의 이름과 의미
   ② 수상 기준
   ③ 대표 수상작과 선정 이유
   ④ 상을 기획한 배경과 유아문학 역사와의 연관성

5. 심사와 토론
   - 다른 조가 발표를 들으며, 다음 질문을 바탕으로 토론합니다.
   - 이 상이 유아문학 발전에 기여할 수 있는 이유는 무엇인가?
   - 수상 기준에 추가할 점은 없는가?
   - 학생들 스스로 '가장 독창적이고 설득력 있는 유아문학상'을 뽑습니다.

Chapter 03

유아문학의 장르

✻ 학습 주제

유아문학의 장르

✻ 학습 목표

유아문학의 장르를 세분화하고 각각의 특성을 알아본다.
유아문학 각 장르의 교육적 의의에 대해 알아본다.

✻ 들어가는 말

장르는 문학의 특성을 일정한 기준에 따라 분류함으로써 문학을 체계적으로 이해하는 데 도움을 줍니다. 유아문학 각 장르의 구분 및 특성을 알아보고 그림책의 가치에 대해 이해한다면 유아들에게 양질의 문학작품을 통해 의미 있는 활동을 제공할 수 있을 것입니다. 본 장에서는 유아문학의 장르에 대해 알아보고 각 장르의 특성과 교육적 의의를 살펴보겠습니다.

성인문학과 마찬가지로 유아문학에도 다양한 장르(genre)가 있다. 장르는 라틴어에서 유래된 것으로 문학작품을 유형별로 구분하여 체계화하기 위해 사용된다. 장르는 문학의 특성을 일정한 기준에 따라 분류함으로써 문학을 체계적으로 이해하는 데 도움을 준다. 문학의 장르는 언어의 형태를 기준으로 리듬감이 없는 산문문학과 리듬감을 부여하는 운문문학으로 구별되며, 저자의 유무와 전달방식을 기준으로 구비전승문학과 창작기록문학으로 구별된다. 또한 이야기의 사실성과 허구성을 기준으로 사실문학과 환상문학으로 구별된다(김정원 외, 2019).

〈표 3-1〉 문학의 장르

구분 기준	문학의 장르	
언어의 형태	산문문학(리듬감 없음)	운문문학(리듬감 있음)
저자 유무 및 전달방식	구비전승문학(저자 없음)	창작기록문학(저자 있음)
이야기의 사실성 및 허구성	사실문학(사실성 기반함)	환상문학(허구성 기반함)

문학의 구분 기준을 토대로 유아문학의 장르는 크게 언어의 형태에 따라 산문(전래동화, 창작동화, 사실동화 등)과 운문(동요, 동시)으로 구분하는데, 유아에게 일반적으로 가장 많이 사용되는 형태인 그림책을 하나의 독립된 장르로 보는 경향도 있다(이상금, 2003). 유아문학의 장르 구분은 학자에 따라 다양하게 제시되고 있다. 러셀(Russell, 2005)은 유아문학을 유아기 책(알파벳 책, 수세기 책, 개념 책, 마더구스), 그림 이야기, 전승문학, 시, 환상문학, 사실문학, 전기, 정보제공 책으로 구분하였고, 이 중 그림 이야기책을 민간설화, 전설, 신화, 현대적 공상 이야기, 사실적 이야기, 의인화된 이야기로 구분하였다. 컬리넌과 갤더(Cullinan & Galda, 1994)는 유아문학을 그림책, 시와 운문, 전승문학, 환상책, 과학책, 사실주의 픽션, 전기, 논픽션 등으로 구분하였다. 이 중 그림책은 유아문학의 하위 장르이면서 다른 모든 장르를 포함한다고 주장하였다. 우리나라 학자 중 서정숙과 남규(2018)는 유아문학을 옛이야기 그림책, 환상 그림책, 사실 그림책, 동요 동시 그림책, 글 없는 그림책으로 구분하였다.

앞서 제시된 분류 방식과 학자들의 견해를 그림책에 적용하여 유아문학의 장르를 구분하였다. 이는 유아교육현장에서 그림책을 중심으로 유아문학을 다루는 경향을 반영한 것이다. 본 서에서는 유아문학으로서 그림책의 장르를 옛이야기 그림책, 환상 그림책, 사실 그림책, 정보 그림책, 운문(동요, 동시)그림책, 글 없는 그림책으로 구분하고, 각 장르의 유형 및 특징, 주요 작품, 교육적 의의에 대해 살펴보고자 한다.

〈표 3-2〉 유아문학의 장르

구분 기준		유아문학의 장르	
글 있는 그림책	산문	옛이야기 그림책	민담 신화 전설 우화
		환상 그림책	-
		사실 그림책	-
		정보 그림책	-
	운문	운문 그림책	전래동요 동시 창작동요 동시
글 없는 그림책		글 없는 그림책	-

1 옛이야기 그림책

옛이야기 그림책은 기존의 민담, 신화, 전설, 우화를 재화하고 그림을 담아 만든 그림책이다(현은자, 김세희, 2005b). 유아문학에서 재화란 전승된 옛이야기의 줄거리를 그대로 유지하면서 다시 쓰는 것을 의미한다. 옛이야기는 기본적인 줄거리를 유지하면서 작가에 의해 다양한 글과 그림으로 재창조되고, 유아들의 언어에 맞게 다듬어지는 재화과정을 거쳐 그림책으로 출판되고 있다. 옛이야기는 기록되지 않고 입에서 입으로 전해지는 구비문학, 전승문학의 특성 때문에 사람들은 이야기를 들으면서 각자 다른 이미지를 떠올릴 수 있다. 따라서 옛이야기는 기존의 이야기 흐름은 비슷하지만 그림책 작가에 따라 등장인물이나 표현 방식이 달라질 수 있다. 다만, 옛이야기 그림책은 이야기가 생겨난 시대적 · 문화적 배경을 반영하며 본래의 주제와 성격을 살리려는 노력이 중요하다.

서양의 전승문학은 민담, 신화, 전설, 우화로 구분되며, 우리나라의 경우 민담 속에 신화, 전설, 우화를 포함시키기도 하는데 이는 우리나라 옛이야기에는 네 종류의 이야기가 혼재된 경우가 많기 때문이다. 본 서에서는 서양의 기준에 따라 옛이야기 그림책을 민담, 신화, 전설, 우화로 구분하여 살펴보고자 한다.

1) 민담

민담은 '옛날이야기'라고 불리며 민중들 사이에서 세대를 거쳐 전해져 내려오는 이야기로 우리나라 옛이야기 중 가장 많은 부분을 차지한다(현은자, 김세희, 2005b 재인용). 민담은 일반적으로 사회의 관습과 문화적 형식들을 담고 있으며 인간의 보편적인 정서인 즐거움, 슬픔, 공포, 질투 등을 나타냄으로써 전승문학 중 가장 친숙하다. 특히 유아들이 좋아하는 사건과 활동이 활발하게 전개되며 유머가 있고 정의감에 호소하는 내용을 담고 있다. 민담의 특징을 살펴보면 다음과 같다(김현희, 박상희, 2017).

첫째, 단어와 구, 문장의 반복, 주인공의 행위 반복 등 전체 상황들이 지속적으로 반복되는 특성이 있다. 예를 들어 『아기 돼지 삼 형제』는 첫째 돼지, 둘째 돼지, 셋째 돼지가 집을 짓고 늑대가 나타나서 입으로 바람을 불고 집을 날리는 과정이 반복된다.

둘째, '3'이라는 숫자가 자주 등장한다. 세 가지 소원, 세 가지 과업, 세 가지 보물, 삼 형제, 세 마리 동물 등 등장인물이나 사건에 숫자 3이 반복된다. 예를 들어 노르웨이 옛이야기인 『우락부락 염소 삼 형제』에는 주인공이 삼 형제이며, 우리나라 옛이야기인 『구렁덩덩 새선비』에는 정승댁 세 딸 중 셋째 딸이 구렁이와 혼인하고, 각시가 새신랑을 찾아 길을 떠날 때 세 번 길을 물어 보고, 세 번 내기를 한다.

셋째, 민담은 옛날 옛적에(Once upon a time)로 시작하여 행복하게 잘 살았다(They lived happily ever after)로 끝나는 상투적인 플롯을 가지고 있으며 예를들어 『신데렐라』, 『콩쥐팥쥐』가 해당된다.

넷째, 민담은 주인공들이 문제 상황을 해결하고 그 과정에서 힘과 용기, 지혜 등이 나타난다. 특히 평범한 주인공이 어려움을 이겨내고 행복한 결말에 이르는 과정은 공감대를 형성하며 주인공과 자신을 쉽게 동일시하고 친밀감을 형성하게 한다. 예를 들어 『좁쌀 한 톨로 장가든 총각』이 해당된다.

다섯째, 민담 속에는 대립 요소가 등장한다. 『흥부와 놀부』, 『혹부리 영감』, 『금도끼 은도끼』 등에는 착한 사람과 나쁜 사람, 가난과 부, 평민과 상류층 등이 존재하며 이러한 대립을 기초로 이야기가 전개되는 것이다.

우락부락 염소 삼 형제 / 폴 갈돈 글·그림 / 김세실 역 / 시공주니어, 2008

좁쌀 한 톨로 장가 든 총각 / 이상교 글 / 주경호 그림 / 보림, 1996

구렁덩덩 새선비 / 엄혜숙 글 / 이상권 그림 / 시공주니어, 2007

이러한 민담을 유아들이 좋아하고 교육현장이나 가정에서 민담을 들려주고 읽어주는 것은 다음과 같은 교육적 의의가 있기 때문이다(김정원 외, 2019).

- 민담은 바람직한 인성 형성에 도움이 된다. 민담은 권선징악, 인과응보의 주제가 담겨져 있으며 도덕적 교훈을 제공함으로 바람직한 가치관 형성에 영향을 미친다.

- 민담은 전통문화를 계승 발전시킨다. 민담에는 우리 민족 고유의 풍속, 습관, 생활, 사상 등의 전통적 내용이 포함되어 있으므로 전통문화를 계승 발전시킨다.
- 민담은 유아의 욕구를 충족시켜 준다. 인간은 정서적인 안정에 대한 욕구, 사랑과 안전에 대한 욕구, 원하는 것을 소유하고 싶은 욕구, 자아실현 욕구, 어려움을 극복하고자 하는 욕구 등이 있는데 민담의 만족스러운 결말을 통해 이러한 욕구가 충족된다.

2) 신화

신화는 신성시되는 이야기로 일상에서 흔히 일어나지 않는 위대하고 숭고한 행위들이 중심이 되는 신비로운 내용을 담은 이야기이다. 신화 속 인물은 주로 영웅적이고 신적인 존재로 특별한 능력과 신성성을 지닌다. 신화의 내용은 우주의 기원과 발생, 천지창조, 영웅에 대한 설화, 민족의 시조 등을 주로 다루고 있다. 고대인들은 과학적이고 합리적인 이치가 부족했고 나라를 세우고 고난을 극복하는 근거로 신화를 활용하였다(서정숙, 남규, 2018). 이런 신화는 그 민족의 철학과 문명의 기원, 문화적 감각 등을 묘사하고 있다. 예를 들어 우리나라 『단군신화』의 경우 호랑이와 곰이 100일 동안 쑥과 마늘을 먹고 인내의 결과로 사람이 되었다는 결말은 인간 행위의 규범과 당위성 등을 제시함으로써 우리 민족의 철학을 나타낸다. 또한 신화는 환상, 마술, 상상력, 극적인 요소들을 많이 포함하고 있어 유아들에게 매력적이고 호소력이 있다. 대표적인 예로 『그리스 로마 신화』가 있으며 우리나라에도 다양한 그림책으로 출판되어 있다.

신화의 문학적 특징을 살펴보면 등장인물(character)의 수가 적고 신적인 존재들이 등장한다. 『단군신화』에서 환웅과 웅녀 사이에 태어난 단군이 신적인 존재의 예이다. 줄거리(plot)는 하나의 사건 또는 단순한 사건으로 구성되어 있다. 배경(setting)은 시간과 공간이 단순하게 제시된다. 예를 들어 '먼 옛날', '몇천 년 전에', '까마득히 먼 옛날' 등 피상적으로 시간과 공간이 표현된다. 주제(theme)는 광범위하고 보편적이며 엄숙하고 신비로운 내용을 담고 있다. 이러한 신화는 다음과 같은 교육적 의의가 있다(김현희, 박상희, 2017).

- 신화는 유아에게 천지창조에 관한 세상의 기원, 사고와 언어의 기원을 알려주는 원천이 된다.
- 신화는 서사시의 배경을 제공한다. 예를 들어 『일리아드와 오디세이』를 이해하려면 그리스 신화를 알아야 한다.
- 신화는 아름다움과 상상이 포함되어 있다. 유아들은 신화가 가진 상상력의 세계를 좋아한다.

단군신화 / 이형구 글 / 홍성찬 그림 / 보림, 2007

마고할미 / 정근 글 / 조선경 그림 / 보림, 1995

거미 아난시 / 제럴드 맥더멋 글·그림 / 윤인웅 역 / 열린어린이, 2005

3) 전설

전설은 역사적 인물이나 사건 또는 자연물, 생물, 무생물의 기원에 관한 이야기이다. 신화와 유사하여 두 장르를 같이 묶어서 제시하는 경우가 많으나, 전설은 신화에 비해 역사적인 사실과 관련이 있고 초현실적인 것에 덜 의존하기 때문에 구체적인 장소, 시대, 인물들이 제시된다(현은자, 김세희, 2005b). 또한 전설에는 민족적 정서와 고유의 풍속, 전통 생활의 모습, 지명들이 제시됨으로써 그 유래를 찾아볼 수 있는 역사적 구체성을 지니고 있다. 구체적 시대와 연대, 주인공에 대한 이야기가 역사적 사실과 결합 되어 나타나기도 하는데, 이는 실재하는 영웅들의 공적과 전투에 관한 이야기 혹은 식물이나 자연현상에 대한 유래 등이 있다. 대표적인 전설에는 견우성과 직녀성을 다룬『견우와 직녀』, 금강산이 되고 싶었지만 늦게 도착하는 바람에 설악산에 머물게 된 울산바위를 둘러싼 전설을 바탕으로 쓰여진『울산에 없는 울산바위』등이 있다. 서양 전설 그림책인『인디언붓꽃의 전설』은 와이오밍주와 텍사스주 평원에 많이 피는 인디언붓꽃의 전설에 관한 이야기로 우리나라에 번역되어 출판되었다.

견우와 직녀 / 서보현 글 / 김용희 그림 / 을파소, 2013

울산에 없는 울산바위 / 김춘옥 글 / 김태현 그림 / 봄봄출판사, 2012

4) 우화

우화는 교훈과 도덕을 담은 동물이 주인공으로 등장하는 이야기이다. 우화 속에는 인간의 특징을 상징하는 동물들이 등장하여 사람처럼 행동하며 도덕적 교훈을 가르치는 하나의 줄거리를 전개해 나간다. 이러한 우화는 도덕적이고 윤리적인 문제에 대해 인간의 태도에 영향을 미쳐왔다는 측면에서 문화적인 전승에 기여하였다. 우화의 주제는 대부분 명확한 도덕적 교훈이나 설교적 메시지를 전달한다.

우화의 줄거리(plot)는 짧고 간결한 단일 사건으로 구성되며, 기승전결의 과정이 명확하지 않고 사건의 전후 상황이 구체적이지 않다는 특성이 있다. 또한 우화에서 제시하고자 하는 교훈은 힘이 있고 지혜로운 자가 승리한다는 처세술이 대부분이며 비유, 풍자, 상징 등을 사용하고 있어 유아들의 발달에 적합하지 않다는 관점도 있다. 따라서 교육현장에서 우화를 활용할 때 교사가 이를 세심하게 살피고 우화가 가진 교육적 의의를 고려하여 제시할 필요가 있다. 우화는 유아에게 교훈이나 가르침을 제공하고 좋고 나쁜 행동에 대한 도덕적 규범을 전달할 수 있다. 우화의 대표적인 예로는 『이솝우화』가 있다. 이솝우화에는 『여우와 두루미』, 『개미와 배짱이』, 『시골 쥐와 서울 쥐』, 『토끼와 거북이』 등이 있다.

이솝우화 / 이솝 글·그림 / 김영진 역 / 자화상, 2022

여우와 두루미 / 엄혜숙 글 / 한병호 그림 / 이솝 원작 / 파랑새어린이, 2014

토끼와 거북이 / 이솝 원작 / 양현주 그림 / 그린키즈, 2016

5) 옛이야기 그림책의 재화와 패러디

옛이야기의 원래 모습은 말로 전하는 것이지만 말은 곧 사라지기 때문에 오래 보존하기 위해서는 글로 적어 두어야 한다. 이러한 옛이야기를 글로 적을 때 받아쓰기(채록), 떠올려 쓰기, 다시쓰기(재화), 고쳐쓰기(재창작), 새로쓰기(창작)의 형식을 사용할 수 있다. 받아쓰기는 이야기하는 사람의 말을 그대로 받아 적는 것, 떠올려 쓰기는 들은 이야기를 머릿속에 떠올려서 글로 나타내는 것, 다시쓰기는 이야기를 듣고 말투나 곁가지를 조금 손질해서 글로 쓰는 것, 고쳐쓰기는 줄거리를 군데군데 고쳐서 쓴 것, 새로쓰기는 이야깃거리나 분위기만 빌려서 전혀 새로운 이야기를 만들어 낸 것이다(서정오, 2011). 옛이야기로 출판되는 그림책은 대부분 전래동화라는 이름으로 다시 쓰거나 고쳐 쓴 것이 많다. 또한 최근에는 고쳐 쓰거나 새로쓰기 형태의 패러디 그림책이 소개되고 있다. 여기서는 다시쓰기에 해당되는 재화된 옛이야기와 새로쓰기에 해당되는 패러디 그림책에 대해 살펴보고자 한다.

(1) 옛이야기 그림책의 재화

전해져 내려오는 옛이야기 재화는 이야기의 줄거리와 원형을 보존하면서 유아들이 이해할 수 있는 말로 재창조하는 것을 말한다. 옛이야기를 재화할 때 외형만을 보수하기보다는 전해 내려오는 이야기 속에 담긴 문화와 환경의 특징이 보존되고 살아있을 때 진정한 가치가 있다고 할 수 있다. 세계 각국에는 전해져 내려오는 옛이야기를 유아문학으로 재정립하는 데 기여한 대표적인 재화자가 있다. 프랑스의 페로, 독일의 그림형제, 영국의 제이콥스, 한국의 이원수 등이 각국에서 전해 오던 옛이야기를 수집하여 유아들을 위해 재화한 대표적 작가들이다.

〈표 3-3〉 옛이야기 그림책의 주요 재화자

재화자	내 용
페로 (Charles Perrault, 1628~1703)	프랑스 시인이자 비평가 프랑스에서 구전되어 오던 이야기를 모아 편찬 〈교훈을 포함한 옛 이야기, 1967〉 속에 『잠자는 숲속의 공주』, 『빨간 모자』, 『푸른 수염』, 『장화 신은 고양이』, 『신데렐라』 등이 수록
그림형제 (Jacob Grimm, 1785~1863/ Wihelm Grimm, 1786~1859)	독일에서 전해오던 이야기를 수집하고 편찬 〈어린이와 가정을 위한 동화, 1812〉 속에 『백설 공주』, 『라푼젤』, 『헨젤과 그레텔』, 『브레멘음악대』 등이 수록 전승되어 온 이야기를 학문적으로 체계화하고 문학성 가미
제이콥스 (Joseph Jacobs, 1854~1916)	영국의 민속학자이자 역사학자 영국의 옛이야기를 모아 가능하면 원형을 살려 편찬 〈영국 옛이야기, 1890〉 속에 『아기 돼지 삼 형제』, 『잭과 콩나무』, 『늙은 마녀』 등이 수록
이원수(1911~1981)	〈전래동화집, 1963〉에 다수의 전래동화 수록

(2) 패러디 그림책

패러디 그림책이란 유아들에게 익숙한 옛이야기를 비롯한 기존의 문학 작품을 원작의 주제, 인물, 플롯 등을 이용하거나 변형시켜 모방적, 비판적, 혼성모방적으로 패러디한 그림책이다(현은자, 김세희, 2005b). 즉, 패러디는 단순히 다른 작품을 흉내 내거나 모방하는 것이 아니라 모방 대상이 되는 작품을 분석하여 그 속에 담긴 특성을 익살스럽게 드러내고, 이를 통하여 새로운 의미를 구성하고 확장하는 것이다(전경원, 오한나, 2021).

패러디 그림책은 유아의 창의성 증진을 위해 활용될 수 있으며, 원래 이야기와 비교하며 읽는 과정을 통해 비판적 사고를 키워줄 수 있다(서정숙, 남규, 2018). 우리나라에 번역되어 출판되고 있는 옛이야기 패러디 그림책의 유형을 간략히 소개하면 다음과 같다.

〈표 3-4〉 패러디 그림책의 유형

유형	내용	책 정보
인물 변화 유형	『용 이야기』 패러디 그림책 『종이 봉지 공주』는 외모만을 중시하는 왕자에게 실망한 공주가 약혼 했음에도 불구하고 결혼하지 않고 자신의 길을 떠난다. 멋진 옷대신 종이 봉지를 입고 자기 길을 가는 공주의 모습을 보여주는 『종이 봉지 공주』는 외모만을 추구하는 문화적 관습에서 벗어나 공주가 왕자를 구하는 인물 변화를 볼 수 있다.	 종이 봉지 공주 / 로버트 문치 글 / 마이클 마첸코 그림 / 김태희 역 / 비룡소, 1998
관점 변화 유형	『아기돼지 삼 형제』 패러디 그림책 『늑대가 들려주는 아기돼지 삼형제 이야기』는 권선징악적 주제에서 벗어나 선입견을 버리고 다른 사람의 소리에 귀기울여야 한다는 주제를 다루고 있다. 늑대의 관점에서 이야기를 들어 보는 경험을 통해 이제까지 알고 있던 것이 진실이 아닐 수 있음을 알 수 있다.	 늑대가 들려주는 아기돼지 삼형제 이야기 / 존 셰스카 글 / 레인 스미스 그림 / 보림, 1996

유형	내용	책 정보
플롯 변화 유형	『제가 잡아먹어도 될까요?』는 다양한 이야기가 한 스토리 안에 함께 결합되어 나타난다. 주인공 루카스는 부모님이 잡아먹어도 된다고 알려준 '먹이목록'을 들고 나가 빨간모자, 아기 돼지 삼형제, 피터 등을 차례로 만난다. 그러나 여러 가지 이유로 그들을 잡아먹지 못하고 살려 보낸다. 옛이야기 속에서 악역을 담당했던 늑대는 이 이야기 속에서는 자신의 판단에 따라 그 목록을 수정한다.	 제가 잡아먹어도 될까요? / 조프루아 드 페나르 글·그림 / 이정주 역 / 베틀북, 2002

2 환상 그림책

환상 그림책이란 작가의 상상력으로 쓰인 이야기로 실제로 일어날 수 없는 일이나 존재하지 않는 사람이나 생물에 관해 꾸며진 이야기 그림책이다. 환상 그림책은 일반적으로 『괴물들이 사는 나라』(모리스 샌닥), 『이상한 나라 앨리스』(루이스 캐럴)에서 볼 수 있듯이 현실 세계와 동떨어진 사건을 중심으로 이야기가 구성된다. 시간과 공간을 초월한 우주여행이나 과학 공상, 미스테리와 마법의 세계에 관한 이야기는 높은 환상성을 보여주는 환상 그림책이다. 반면 동물이나 장난감이 의인화되어 인간처럼 행동하고 사건을 진행시키는 환상성이 낮은 이야기도 존재한다. 유아를 위한 의인화된 환상 그림책은 실제 세계에서 일어날 수 있는 일반적인 내용으로 주로 가족 상황이나 자신의 정체성을 다룬 작품이 많다. 이는 유아의 물활론적 사고로 인해 의인화된 이야기가 더욱 효과적으로 전달되기 때문이다. 환상 그림책은 현실 세계와 거리가 있는 허구의 사실이지만 현실에서 유아가 공감할 수 있는 기쁨, 슬픔 등의 정서들이 담겨져 있으며 유아들은 이런 정서를 간접 경험하게 된다. 이렇게 유아가 그림책을 통해 감동을 느낄 수 있는 것은 환상이 결국 유아들의 현실과 연결되어 있기 때문이다. 의인화된 동물이 등장하는 그림책은 유아에게 성인의 역할을 해 볼 수 있는 기회를 제공하고 이는 곧 유아의 현실 세계가 될 수 있다. 환상 그림책의 주제, 등장인물, 배경, 플롯의 문학적 특성을 살펴보면 다음과 같다(현은자, 김세희, 2005a).

첫째, 환상 그림책의 주제는 다양한 배경과 인물 설정, 플롯으로 인해 주제 또한 다양하다. 일반적으로 유아문학에서 다루는 주제들이 다루어지고 있으나 주로 인간성의 광범위한 관심과 배려, 선과 악의 갈등 과정을 거쳐 선이 실현되는 것 등을 다룬다.

둘째, 환상 그림책의 등장인물은 초현실적인 존재나 의인화된 동식물과 장난감이 등장하며 작가는 주인공의 성격을 입체적이고 섬세하게 묘사한다(예: 『마녀 위니』(밸러리 토머스 글, 코키 폴 그림), 『피터팬』(제임스 배리)).

셋째, 환상 그림책의 배경은 상상의 세계를 배경으로 시간적 공간적 배경이 다양하며, 공간적 배경이 사건 전개에 큰 영향을 미치게 되어 배경이 정교하게 묘사된다.

넷째, 환상 그림책의 플롯은 문제와 갈등 상황이 초자연적 힘에서 일어나고 마술적인 힘에 의해 해결되는 특징이 있다. 환상 그림책의 결말은 꼭 행복한 결말로 끝나는 것이 아니라 슬픈 결말이나 열린 결말로 끝나기도 한다(예: 『지각대장 존』(존 버닝햄), 『인어공주』(한스 크리스티안 안데르센)).

마녀 위니 / 밸러리 토머스 글 / 코키 폴 그림 / 김중철 역 / 비룡소, 1996

지각대장 존 / 존 버닝햄 글·그림 / 박상희 역 / 비룡소, 1996

터널 / 앤서니 브라운 글·그림 / 장미란 역 / 논장, 2018

환상 그림책은 유아들이 경험하는 일상적 삶을 넘어 무엇이든 가능한 상상 세계를 경험함으로써 상상력과 창의성 발달의 기초를 형성하도록 도와준다는 특성이 있다. 이러한 환상 그림책은 다음과 같은 교육적 의의가 있다.

- 환상 그림책은 환상적 세계를 현실세계와 대비시켜 유아가 환상과 현실을 좀 더 명확히 구분할 수 있도록 도와준다(예: 『알사탕』(백희나), 『터널』(앤서니 브라운)).
- 환상 그림책은 유아들의 상상력을 자극하고 인지적 활동을 격려한다. 유아는 현실에서 경험할 수 없는 환상 세계를 통해 주변을 새로운 시각으로 생각하며 상상력을 발달시킨다(예: 『수박수영장』(안녕달), 『구름빵』(백희나)).
- 환상 그림책은 자신과 비슷한 혹은 전혀 다른 상황을 겪는 주인공의 경험에 유아를 동일시함으로써 심리적 안정감과 위안을 준다(예: 『지각대장 존』(존 버닝햄), 『괴물들이 사는 나라』(모리스 샌닥).

환상 그림책은 환상성의 정도(환상성 정도가 높은 것, 환상성이 낮은 것), 문학요소의 특성(등장인물, 배경, 플롯) 등에 따라 그 종류가 매우 다양하다. 서더랜드와 어버스넛은 환상 그림책을 민담의 요소를 가진 환상 그림책, 순수한 상상에 의한 환상 그림책, 말하는 동물이 등장하는 환상 그림책, 의인화된 장난감과 무생물을 다룬 환상 그림책, 유머 환상 그림책, 공상과학동화 등으로 구분하여 제시하였다(Surtherland & Artbuthnot, 1991). 이를 바탕으로 민담요소를 가진 환상 그림책, 순수한 상상을 포함하는 환상성이 높은 그림책, 의인화된 동물 · 사물을 다룬 환상 그림책으로 분류하여 살펴보고자 한다.

1) 민담요소를 가진 환상 그림책

전승문학을 재화한 형태나 민담을 고쳐 만든 이야기로 초현실적 사실과 등장인물이 등장하는 그림책이 이 유형에 해당된다. 다만 구전된 이야기가 아닌 초현실적 사건과 의인화된 등장인물들이 작가의 상상력에 의해 만들어진 작품이다.

대표적인 작품으로 『안데르센 동화』가 있다. 『안데르센 동화』의 『미운 오리 새끼』나 『인어공주』는 의인화된 동물이 주인공이며, 안데르센의 상상력에 의해 환상적인 요소가 가미되고 배경 또한 구체적으로 묘사되고 있다. 완다 가그의 『백만 마리 고양이』도 보헤미안의 만화를 재구성한 환상 그림책이며, 무엇이든 크게 하는 손 큰 할머니가 숲속 동물들과 함께 만두를 만드는 『손 큰 할머니의 만두 만들기』(채인선 글, 이억배 그림)도 민담의 요소를 가진 환상 그림책이다.

안데르센 동화집 / 한스 크리스티안 안데르센 글 / 빌헬름 페데르센 그림 / 햇살과나무꾼 역 / 시공주니어, 2010

백만 마리 고양이 / 완다 가그 글·그림 / 강무환 역 / 시공주니어, 1994

손 큰 할머니의 만두 만들기 / 채인선 글 / 이억배 그림 / 재미마주, 2007

2) 순수한 상상을 포함하는 환상성이 높은 그림책

등장인물이 초현실적인 상황에 처하거나, 상상 속의 공간으로 자유롭게 여행을 가거나, 초능력의 힘을 가지게 되는 이야기를 다룬 그림책이 이 유형에 해당된다. 교훈적이거나 종교적인 이야기가 아니며 유아가 순수한 환상 속에서 즐거움과 유머를 느낄 수 있도록 창작된 그림책이다. 주인공이 환상적 상황에 처하게 되는 『피터팬』(제임스 배리), 유머와 자유분방함을 느낄 수 있는 『이상한 나라의 앨리스』(루이스 캐럴), 모리스 샌닥의 『깊은 밤 부엌에서』, 『괴물들이 사는 나라』 등은 환상성이 높은 그림책이다. 또한 현실과 비현실의 자유로운 시공간 여행을 주제로 하는 『구름 나라』(존 버닝햄), 『하늘에서 음식이 내린다면』(쥬디 바레트 글, 론 바레트 그림), 『구름빵』(백희나) 등도 환상성이 높은 작품들이다.

깊은 밤 부엌에서 / 모리스 샌닥 글·그림 / 강무홍 역 / 시공주니어, 1994

하늘에서 음식이 내린다면 / 쥬디 바레트 글 / 론 바레트 그림 / 홍연미 역 / 토토북, 2018

구름 나라 / 존 버닝햄 글·그림 / 고승희 역 / 비룡소, 1997

3) 의인화된 동물, 사물을 다룬 환상 그림책

동물이지만 사람처럼 말하고, 생각하고, 행동하는 살아있는 인물로 의인화되거나, 장난감 같은 무생물이 의인화되어 이야기를 진행하는 그림책이 이 유형에 해당된다. 『곰돌이 푸』(앨런 밀른), 『피터 래빗 이야기』(베아트릭스 포터), 『치과 의사 드소토 선생님』(윌리엄 스타이그), 『프레드릭』(레오 리오니) 등이 대표적 작품이며, 우리나라의 의인화된 그림책으로는 이호백의 『도대체 그 동안 무슨 일이 일어났을까』가 있다.

치과 의사 트소토 선생님 / 윌리엄 스타이그 글·그림 / 조은수 역 / 비룡소, 1995

프레드릭 / 레오 리오니 글·그림 / 최순희 역 / 시공주니어, 2013

도대체 그 동안 무슨 일이 일어났을까? / 이호백 글·그림 / 재미마주, 2001

3 사실 그림책

사실 그림책은 현 세계에서 살고 있는 사람들에게 일어날 수 있는 이야기를 담고 있는 그림책이다. 따라서 실제 유아의 삶에서 일어날 수 있는 실제적 내용을 담고 있는 사실 그림책은 생활 그림책이라고도 칭한다. 그러나 생활 그림책은 교훈 위주의 내용이 많아 유아문학의 예술적 의미를 축소시킨다는 의견이 있어 생활 그림책이라는 용어보다는 사실 그림책을 주로 사용한다. 사실 그림책은 상상의 세계를 다룬 옛이야기나 환상 그림책과 달리 유아들의 실제 경험 세계를 다루며, 실제로 일어날 수 있는 현실적인 이야기를 다루고 주인공도 실제 사람이다. 사실 그림책은 사실과 역사이야기, 위인의 일생을 다룬 전기, 유아의 삶과 직결되는 일상생활 속 이야기를 소재로 한다. 이러한 소재는 유아의 간접 경험의 폭을 넓혀 주고 다양한 종류의 경험을 좀 더 구체적 형태로 지각하도록 도와줌으로써 삶에 대한 통찰을 가능하게 해 준다. 또한 현실적 등장인물, 배경, 일상생활을 반영한 이야기가 전개되기 때문에 유아가 등장인물과 동일시하기 쉽다.

사실 그림책의 주제, 등장인물, 배경, 플롯의 문학적 특성을 살펴보면 다음과 같다(김정원 외, 2019).

첫째, 사실 그림책의 주제는 유아가 일상생활에서 경험하는 여러 가지 문제들을 다룬다. 부모-자녀 간의 사랑, 형제 간의 우애 또는 질투, 동생이 태어났을 때의 감정, 친구 간의 우정 등 유아가 성장하면서 겪는 다양한 경험이 사실 그림책의 주제가 된다.

둘째, 사실 그림책의 등장인물은 실제적이며 우리가 평소 만날 수 있는 평범한 사람들로 묘사된다. 인물의 묘사는 실제 상황 속에서 성격이 잘 드러나도록 자세하고 입체적으로 표현된다.

셋째, 사실 그림책의 배경은 일반적으로 납득할 수 있는 과거나 현재이다. 역사적 사실에 관한 이야기의 경우 시간적 배경이 과거이지만, 사실 그림책의 대부분의 배경은 현재 여기이며 실제의 상황이다. 공간적 배경도 실존하는 구체적인 장소로 일상생활 공간이 대부분이다.

넷째, 사실 그림책의 플롯은 일상생활에서 벌어지는 갈등을 중심으로 이야기가 전개된다. 누구나 경험하고 실제 겪을 수 있는 사건이 발생하고 인물들이 갈등 상황을 해결하는 과정이 사실적 차원에서 전개된다.

사실 그림책은 유아에게 삶의 가치와 의미를 부여하고 호소력과 감동을 선사하며 현재를 살아가는 데 도움이 되는 다양한 방법을 제시한다. 사실 그림책은 다음과 같은 교육적 의의가 있다.

- 사실 그림책은 사람이 살아가는 삶에 대한 이해를 도와준다. 유아는 일상생활과 관련된 내용을 경험함으로써 세상살이에 대한 다양한 정보를 얻는다.
- 사실 그림책은 현실에 바탕을 둔 이야기이며 유아와 비슷한 또래 경험을 소재로 삼기 때문에 주인공과의 동일시가 수월하여 작품에 대한 이해가 쉽다.
- 사실 그림책은 주인공이 문제를 해결해 나가는 과정을 간접 경험함으로써 유아에게 용기와 문제해결력, 자신감 등을 형성하는 데 도움을 준다.

이러한 사실 그림책은 일반적으로 주제에 따라 유형을 분류할 수 있으며, 예시는 다음과 같다.

〈표 3-5〉 사실 그림책 주제별 유형 및 예시

주제별 유형	관련 책 정보	
성장에 관한 주제 : 유아의 성취감, 독립심, 자기조절능력 등과 관련된 일상적 갈등 상황 해결에 대한 내용	 휘파람을 불어요 / 에즈라 잭 키츠 글·그림 / 김희순 역 / 시공주니어, 1999	 두발자전거 배우기 / 고대영 글 / 김영진 그림 / 길벗어린이, 2009

<table>
<tr><th>주제별 유형</th><th colspan="2">관련 책 정보</th></tr>
<tr>
<td>가족관계에 관한 주제
: 유아의 가족에 대한 사랑, 형제 간의 우애와 갈등, 조부모와의 관계 등에 대한 내용</td>
<td>

피터의 의자 / 에즈라 잭 키츠 글·그림 / 이진영 역 / 시공주니어, 1996</td>
<td>

내가 아빠를 얼마나 사랑하는지 아세요? / 샘 맥브래트니 글 / 아니타 제람 그림 / 김서정 역 / 베틀북, 1997</td>
</tr>
<tr>
<td>사회(또래) 관계
: 또래의 감정을 이해하고 사회(또래) 관계의 소중함에 대한 내용</td>
<td>

단짝 친구가 이사 가는 날 / 버나드 와버 글·그림 / 김영선 역 / 보림, 2015</td>
<td>

어떻게 못됐으면서 착해요? / 올리비에 클레르 글 / 가이아 보르디치아 그림 / 김하연 역 / 공존, 2022</td>
</tr>
<tr>
<td>다문화, 반편견
: 다양한 사람들의 삶이 공존하는 세상을 이해하고 편견 없이 세상을 바라보는 내용</td>
<td>

이모의 결혼식 / 선현경 글·그림 / 비룡소, 2004</td>
<td>

특별한 손님 / 안나레나 맥아피 글 / 앤서니 브라운 그림 / 허은미 역 / 베틀북, 2005</td>
</tr>
</table>

주제별 유형	관련 책 정보	
동식물, 날씨 : 동식물의 생태, 인간과의 조화로운 삶에 대한 내용	 심심해서 그랬어 / 윤구병 글 / 이태수 그림 / 보리, 1997	 메리 / 안녕달 글·그림 / 사계절, 2017

4 정보 그림책

정보 그림책은 지식을 전달하고 사물이나 사실에 대한 정보를 제공하기 위한 목적의 그림책이다. 이런 목적에 따라 특정 분야의 지식을 기능적으로 전달하는 것을 우선시하기 때문에 예술성, 상상력, 문학성 등과는 거리가 멀다. 그러나 정보 그림책은 발달을 고려하여 유아들이 습득해야 할 지식과 정보를 흥미롭게 전달하고 호기심을 자극하여 앎에 대한 욕구를 충족시킨다는 점에서 효과적인 매체로 활용된다. 또한 정확한 정보와 함께 그림이나 사진의 예술성이 고려되고 의인화된 동식물이 등장하는 환상적 요소가 가미된다면 문학성을 갖춘 유아문학의 한 장르로 포함될 수 있다.

정보 그림책을 유아문학의 한 장르로 포함시키는 것은 다음과 같은 교육적 의의가 있기 때문이다(김현희, 박상희, 2017).

- 정보 그림책의 내용은 허구적인 이야기와 마찬가지로 우리의 삶 자체를 다룬다. 우리 주변의 동식물 성장 과정, 자연의 변화 등은 우리가 함께 살아가는 우리 자신의 이야기이므로 관련 정보는 흥미로운 지식이 된다.

- 정보 그림책은 사실과 허구의 관계를 알 수 있도록 해 주며, 실제적인 사실과 진리들을 실용적 측면에서 보여 준다.
- 정보 그림책은 다양한 정보와 지식을 제공함으로써 유아의 호기심을 자극하고 지식 이해의 욕구를 충족시킨다.

유아 대상의 정보 그림책 출판과 관련해 나타나는 최근 경향을 제시하면 다음과 같다.

첫째, 정보 그림책의 출판이 양과 질적인 측면에서 증가하고 있다. 교사들이 교육자료로 정보 그림책을 사용하면서 유아를 위한 다양한 정보 그림책이 출판되고 있다. 또한 유아뿐만 아니라 영아를 위한 정보 그림책도 증가하고 있는데, 개념책이나 사물의 이름을 알려주는 명명하기 책 등은 영아가 사물을 인식하고 습득하도록 도움을 준다.

둘째, 질적으로 우수한 사진이 사용되는 정보 그림책이 대량으로 출판되고 있다. 사진과 출판 기술 발달에 따라 생생한 시각 이미지 제공이 가능하여 유아에게 효과적인 교수-학습 매체가 된다.

셋째, 전문적인 주제가 좀 더 세부화되어 출판되는 비중이 증가하고 있다. 공통 주제나 교과목과 연결한 시리즈 형태로 심화된 수준의 내용이 제시된다.

넷째, 권위 있는 도서상을 수상하는 비중이 점차 확대되고 있다. 정보 그림책의 중요성과 의미가 인정받으면서 픽션 중심으로 수여되던 도서상이 논픽션 영역으로까지 확대되었으며, 이는 정보 그림책이 유아문학의 장르로 인정받고 있음을 의미한다.

정보 그림책은 그 내용에 따라 교과목이나 주제로 분류된다. 교과목별 분류는 과학, 사회, 수학, 언어, 음악과 예술로 구분할 수 있으며, 주제별 분류는 수, 사물이름, 동식물, 색과모양, 자연현상, 문화, 환경 등으로 나눌 수 있다. 본 서에서는 유아의 발달 특성을 고려하여 유아 주변을 둘러싼 환경과 관련이 있는 주제를 기준으로 정보 그림책을 소개하고자 한다.

〈표 3-6〉 정보 그림책 주제별 유형 및 예시

주제별 유형	관련 책 정보	
수 세기 : 기초적인 수학 개념과 수 세기에 관한 내용	 장바구니 / 존 버닝햄 글·그림 / 김원석 역 / 보림, 1996	 앵무새 열 마리 / 퀀틴 블레이크 글·그림 / 장혜린 역 / 시공주니어, 2017
글자 : 글자에 대한 개념, 유아의 문자 학습 관련 내용	 기차 ㄱㄴㄷ / 박은영 글·그림 / 비룡소, 2007	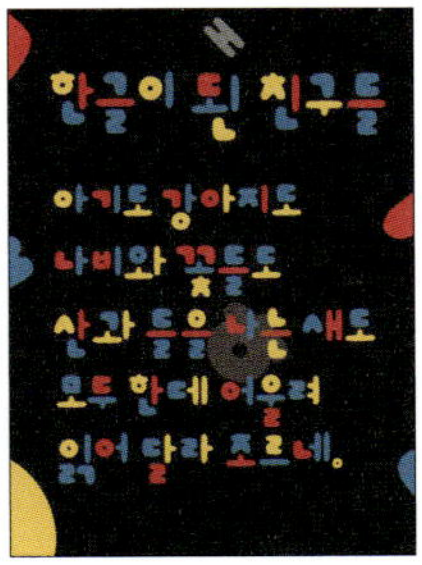 한글이 된 친구들 / 이호백 글·그림 / 재미마주, 2008
사물이름(교통기관 등) : 물건의 이름, 교통기관 등 사물들의 명칭을 알려주는 내용	 비행기는 어떻게 날까? / 선자은 글 / 최주석 그림 / 여상인, 류성철 감수 / 스푼북, 2021	 트럭 / 도널드 크루즈 글·그림 / 시공주니어, 1996

주제별 유형	관련 책 정보	
동식물, 자연환경 : 자연과 생태, 자연환경 보존 등에 관한 사실적인 정보 제공 내용	 갯벌이 좋아요 / 유애로 글·그림 / 보림, 1995	 다시 살아난 초록섬 / 잉그리드 샤베르 글 / 라울 니에토 구리디 그림 / 문주선 역 / 피카주니어, 2023
색과 모양	 화물 열차 / 도널드 크루즈 글·그림 / 박철주 역 / 시공주니어, 1997	 점과 선이 만나면 / 베로니크 코시 글 / 로랑 시몽 그림 / 김유진 역 / 국민서관, 2014
자연현상 : 과학 및 자연현상에 관한 내용(인체, 지구, 우주, 지리, 날씨, 빛과 그림자 등)	 과학탐험대 신기한 스쿨버스(8. 별난 우주여행) / 조애너 콜, 크리스틴 어하트 글 / 브루스 디건, 캐럴린 브래컨 그림 / 이강환 역 / 비룡소, 2017	 그림자는 따라쟁이 / 미야코시 아키코 글·그림 / 고향옥 역 / 비룡소, 2016

주제별 유형	관련 책 정보	
문화 : 우리문화 고유성, 세계 문화의 다양성에 대한 내용	 숨 쉬는 항아리 / 정병락 글 / 박완숙 그림 / 보림, 2005	 누구 발일까? / 정해영 글·그림 / 논장, 2009

5 운문(동요·동시) 그림책

운문 그림책은 동요나 시와 같은 운문을 글감으로 하여 그림을 담아 만든 그림책을 의미한다(현은자, 김세희, 2005b 재인용). 운문 그림책의 종류인 동요나 동시는 유아들이 일반 그림책을 접하기 이전부터 익숙하게 접하고 즐겨왔던 유아문학의 장르라고 할 수 있다. 운문 그림책은 운율과 리듬감이 있어 유아들이 쉽게 즐길 수 있으며, 놀이와 함께 부르는 동요를 통해 언어와 음감을 발달시킬 수 있다. 또한 동요와 동시에 담긴 함축적 의미를 통해 상상력과 언어적 감수성을 키울 수 있다. 즉, 유아들은 운문 그림책을 통해 문학적, 음악적, 언어적 경험을 할 수 있다. 본 서에서는 운문 그림책을 전래동요 · 동시, 창작동요 · 동시로 나누어 살펴보고자 한다.

1) 전래동요·동시

전래동요 · 동시는 오랫동안 유아의 놀이와 함께 구전되어 온 유아가 부르는 노래 또는 시를 말한다. 전래동요 · 동시는 뚜렷한 작가가 없이 구전으로 전해 내려오다가 현대에 이르러 수집 및 출판 작업이 이루어졌다. 주요 대상이 되는 전래동요 · 동시의 형식과 내용은 대중적이고 보편적이며 유아의 발달에 맞게 변화되어 왔다. 이상금과 장영희(2001)는 전래동요 · 동시는 순수하고 직선적인 비유가 많으며 리듬감이 풍부하고 반복이 많아 유아의 놀이와 결합하기 쉬운 특성이 있다고 하였다. 예를 들어 『우리 집에 왜 왔니?』, 『여우야 여우야』, 『꼭꼭 숨어라 머리카락 보인다』 등과 같이 집단으로 놀이하면서 부르던 동요, 『똑똑 누구십니까?』, 『꼬마야 꼬마야』 등은 줄넘기를 하면서 부르던 동요, 『두껍아, 두껍아 헌 집 줄게 새집 다오』같은 흙놀이를 하면서 부르던 동요 등이 놀이와 결합되어 전해 내려왔다.

전래동요 · 동시는 학자마다 다양한 방식으로 유형을 구분하고 있는데, 전원범(1995)은 기능동요(놀이동요, 말놀이 동요, 놀림동요, 일놀이 동요, 주술적 놀이 동요)와 비기능동요(자연현상과 사물, 인간생활, 동물 소재)로 구분하였다. 김현희와 박상희(2017)와 김정원 외(2019)는 동물요, 식물요, 놀이요, 애무요, 서정요로 구분하였고 서정숙과 남규(2018)은 놀이하며 부르는 노래, 바라며 부르는 노래, 익히며 부르는 노래로 구분하였다. 본 서에서는 동물요, 식물요, 놀이요, 애무요, 서정요로 분류하고 내용과 예를 제시하고자 한다.

〈표 3-7〉 전래동요 · 동시의 유형

유형	전래 동요 · 동시 예시
동물요 : 동물을 소재로 한 전래 동요로 『두꺼비』, 『잠자리』, 『새야 새야』, 『나비』, 『까치』 등이 있음	**새야 새야** 새야 새야 파랑새야 녹두밭에 앉지 마라 녹두꽃이 떨어지면 청포장수 울고 간다
식물요 : 식물에 관한 전래동요로 『고사리』, 『외따기』, 『찔레 먹고』 등이 있음	**찔레 먹고** 찔레 먹고 찔찔 고추 먹고 골골 달래 먹고 달달 삐비 먹고 삐삐 나승개 먹고 나섰다

<table>
<tr><th>유형</th><th>전래 동요 · 동시 예시</th></tr>
<tr><td>놀이요
: 놀이를 하면서 부르는 전래동요로 『소꿉놀이』, 『이거리 저거리 각거리』, 『대문놀이』, 『꼬마야 꼬마야』, 『얼굴 그리기』 등이 있음</td><td>꼬마야 꼬마야

꼬마야 꼬마야 뒤를 돌아라
돌아서 돌아서 땅을 짚어라
짚어서 짚어서 만세를 불러라
불러라 불러라 잘 가거라</td></tr>
<tr><td>애무요
: 어른이 아이를 달래면서 부르는 노래로 『자장가』, 『들강 달강』, 『둥개 둥개 둥개야』 등이 있음</td><td>둥개 둥개 둥개야

둥개 둥개 둥개야
논두름 밑에는 옹처이
밭더름 밑에는 방청아
영덕갔던 기성아
맷돌 밑에는 영만아
미역 따던 바우야
달 가운데는 심천아
둥개 둥개 둥개야
요런 둥개가 또 있나</td></tr>
<tr><td>서정요
: 동심을 표현한 전래동요로 『이 박 저 박』, 『달아 달아』, 『비야 비야』 등이 있음</td><td>비야 비야

비야 비야 오지 마라
우리 누나 시집간다
가마 속에 물 들어가면
다홍치마 얼룩진다</td></tr>
</table>

전래동요 · 동시는 운율과 리듬감이 있고 반복적인 표현이 많아 유아들이 즐겁게 접하며 흥미를 느낄 수 있어 교육적으로 활용할 가치가 높다. 전래 동요 · 동시의 교육적 의의를 요약하면 다음과 같다.

- 전래동요 · 동시는 유아에게 문학적 즐거움을 준다. 전래동요는 음악성, 흥미성이 있어 유아에게 재미를 주며 리듬과 반복어가 있어 쉽게 기억하고 따라 부를 수 있어 언어적 즐거움을 제공한다.

- 전래동요 · 동시는 유아의 언어발달을 돕는다. 반복적인 말놀이 속의 어휘를 습득할 수 있고 말을 만드는 방법도 익힐 수 있다.
- 전래동요 · 동시는 유아의 사회성 발달을 돕는다. 전래동요 · 동시는 놀이와 연결되어 집단으로 부르는 노래가 많아 유아의 사회적 관계에 긍정적 영향을 미칠 수 있다.
- 전래동요 · 동시는 우리 민족의 정서를 체험하는 계기를 제공한다. 유아는 전래동요 · 동시를 통해 전통적으로 중시하던 가치와 덕목을 경험할 수 있다.

잘잘잘 1, 2, 3 / 이억배 글 · 그림 / 사계절, 2006

꼭꼭 숨어라 / 지정관 편 / 지 기미코 그림 / 북뱅크, 2018

2) 창작동요·동시

창작동요 · 동시는 작가의 생각과 느낌을 운율과 리듬이 있는 언어로 창작하여 표현한 것으로 운율이 있는 언어, 비유와 상징 등이 공통적인 특성이다. 창작동요 · 동시는 유아에게 안정감과 따뜻함을 가져다주며 예술적 아름다움과 순수한 즐거움을 선사함으로써 유아의 정서적 · 지적 · 심미적 발달에 영향을 미친다.

(1) 창작동요 그림책

창작동요는 유아들의 감정이나 심리를 표현한 정형시로 동심을 바탕으로 유아를 위해 만들어지는 노래다. 동요는 유아들이 평소 사용하는 말을 사용해서 유아들이 부를 수 있도록 만들어진 노래이며, 우리나라 최초의 창작동요는 윤극영이 작사 작곡한 『반달』이다. 『반달』, 『낮에 나온 반달』, 『오빠생각』은 노랫말과 그림을 함께 감상할 수 있도록 그림책으로 출판되었다. 우리나라 창작동요는 초기에는 역사성과 민족성, 자연과 놀이에 대한 내용이 많았으나 현대에는 유아의 주체성을 인정하고 인격 및 심미감 형성 등의 다양한 소재의 가사가 많이 사용되고 있다.

반달 / 윤극영 작사 / 이광익 그림 / 문학동네, 2009

노래 노래 부르며 / 이원수 작사 / 장흥을 그림 / 길벗어린이, 2004

오빠 생각 / 최순애 글 / 김동성 그림 / 파랑새어린이, 2015

창작동요 그림책의 교육적 의의를 살펴보면 다음과 같다.

- 창작동요 그림책은 유아의 언어발달을 증진한다. 유아들은 운율감과 리듬이 있는 언어를 따라 부르며 가사에 담긴 다양한 어휘를 이해하고 언어적 표현력을 기를 수 있다.
- 창작동요 그림책은 유아에게 음악적, 언어적 아름다움을 경험하게 하고 즐거움과 감동을 통해 정서적 안정감을 제공한다.
- 창작동요 그림책은 유아의 자기 표현력을 증진한다. 유아들은 동요의 리듬에 맞춰 자신의 감정과 느낌을 흥얼거리게 되고 가사를 따라 부르며 자발적 표현력을 증진할 수 있다.

(2) 창작동시 그림책

창작동시란 어린이의 심리와 감정을 기반으로 성인이 어린이를 위해 쓴 시를 의미한다(현은자, 김세희, 2005b). 일반적으로 시는 우리의 삶을 새로운 시각에서 바라볼 수 있도록 하며, 즐거움을 주는 것뿐만 아니라 주변 세상을 통찰력을 가지고 이해할 수 있도록 돕는다. 창작동시는 유아의 삶에 의미 있는 것을 다루고 유아들이 이해할 수 있는 언어와 순수한 감정을 담고 있어야 하며 비유와 상징을 통해 상상력과 아름다움을 느낄 수 있도록 해야 한다. 창작동시의 모태는 동요이지만 동시에는 동요와 같은 음수율이 없고 자유로운 형태로 쓰여지기 때문에 창작동시가 좀 더 자유롭게 개성을 표현할 수 있다.

창작동시의 문학적 요소로는 주제와 소재, 운율, 비유, 심상, 어조 등이 있다. 첫째, 창작동시의 주제와 소재는 유아가 공감할 수 있는 것으로 주변 생활, 사람들, 자연 등의 내용이 있다. 둘째, 창작동시의 운율은 산문과 차별화된 중요한 요소이다. 일반적으로 사용하는 운율은 글자 수를 3-4조, 4-4조, 7-5조처럼 일정하게 하는 것이다. 또한 운율은 동음반복, 의성어나 의태어 반복, 통사적 구조 반복을 통해 만들어진다. 셋째, 창작동시는 사물을 다른 사물에 빗대어 표현하는 비유법을 사용한다. 넷째, 창작동시에는 시를 읽을 때 마음속에 떠오르는 심상이 존재하며 이러한 심상의 종류에는 시각적 심상, 청각적 심상, 미각적 심상, 후각적 심상, 촉각적 심상, 공감각적 심상이 있다. 마지막으로 창작동시의 어조는 시에서 사용되는 말투를 의미하는데 정답고 상냥한 어조가 대부분이나 상황에 따라 단호함이나 확신에 찬 어조가 사용되기도 한다.

창작동시는 시의 형식에 따라 정형동시, 자유동시, 산문동시, 동화시로 나뉘며, 내용에 따라 서정동시와 서사동시로 분류된다.

〈표 3-8〉 시의 형식에 따른 분류 및 예시

<table>
<tr><th>시의 형식에 따른 분류</th><th>분류별 예시</th></tr>
<tr><td>정형동시
: 3-4조, 4-4조, 5-5조, 7-5조와 같이 일정한 음수율을 지며 만든 동시</td><td>『다람쥐』
-박목월
다람다람 다람쥐
알밤 줍는 다람쥐
보름 보름 달밤에
알밤 줍는 다람쥐
알밤인가 하고
솔방울도 줍고
알밤인가 하고
조약돌도 줍고</td></tr>
<tr><td>자유동시
: 음수율의 형식에 구애받지 않고 자유롭게 쓰는 동시</td><td>『우산』
-윤석중
이슬비 내리는 이른 아침에
우산 셋이 나란히 걸어갑니다
파란 우산, 깜장 우산, 찢어진 우산
좁다란 학교 길에 우산 세 개가
이마를 마주 대고 걸어갑니다</td></tr>
<tr><td>산문동시
: 리듬이나 의미와 이미지의 단락에 구애받지 않고 산문 형식으로 쓰인 동시</td><td>『아이와 우체통』
-유경환
제 키보다 큰 우체통 앞에 아이가 찾아와 섰습니다.
빨간 우체통 앞, 팔꿈치가 뚫린 계집아이.
아이 손에는 한 장의 편지가 들렸고, 아이는 눈을 깜빡이면서 우체통 큰 입을 쳐다봅니다.
여기 넣으면 될까?
-중략-</td></tr>
<tr><td>동화시
: 동화처럼 사건의 전개나 이야기성이 있는 줄거리를 가진 동시</td><td>『오줌싸개 시간표』
-윤석중
할머니 담뱃불이 날아와
내가 맨든
소꿉놀이 초가집에 불을 놓았습니다.
후,후, 입을 대구 불어도 안 꺼집니다
게다게다 오줌을 깔겼지요
아, 그랬더니 단박 꺼지겠지요
-중략-</td></tr>
</table>

창작동시 그림책의 교육적 의의를 살펴보면 다음과 같다(이선영, 우민정, 2023).

- 창작동시 그림책은 언어의 규칙적인 반복을 통해 만들어진 운율로 유아에게 소리내어 즐기는 언어의 음악성을 경험하게 하며 감각적 즐거움을 준다.
- 창작동시 그림책은 유아의 아름다운 언어 사용 능력을 촉진한다. 동시의 음소와 음운의 반복을 통해 유아는 언어의 민감성을 높일 수 있고 작가가 사용한 비유나 의성어, 의태어를 통해 모국어에 대한 아름다움을 느낄 수 있다.
- 창작동시는 그림책은 유아에게 다양한 정서를 경험하게 하고 안정감을 준다. 유아는 동시를 감상하며 다양한 심상을 떠올리고 다양한 감정을 경험할 수 있다.
- 창작동시 그림책은 세상에 대한 유아의 직관력과 관찰력을 증진시킨다. 유아들은 동시에 표현된 사람과 사물, 자연현상 등을 통해 자신 주변의 상황을 관찰하고 직관력을 키울 수 있다.

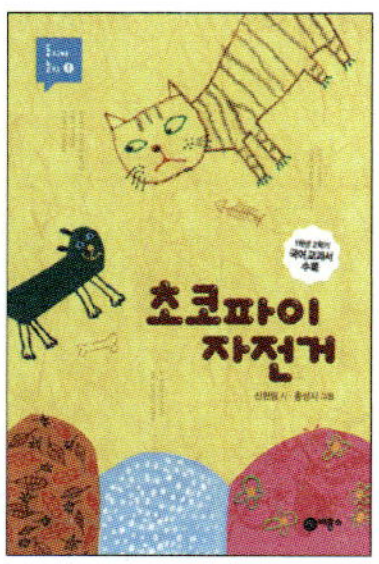

동시야 놀자(1. 초코파이 자전거) / 신현림 글 / 홍성지 그림 / 비룡소, 2019

할머니의 지청구 / 공광규 시 / 연수 그림 / 바우솔, 2020

오리왕자 / 이정록 글 / 주리 그림 / 바우솔, 2023

6 글 없는 그림책

글 없는 그림책은 글 없이 그림만으로 이야기가 진행되는 그림책으로 글이 전혀 없거나 거의 없는 책을 말한다. 그림 안에 글의 내용과 의미가 포함되어 있으므로 글이 아닌 그림을 읽고 이야기의 내용을 유추해야 한다. 그림에 의존하여 이야기의 순서, 내용, 원인 결과 등을 이해하기 때문에 글을 모르는 유아도 스스로 읽고 감상할 수 있다는 장점이 있으며, 유아 각자의 경험과 배경지식에 따라 그림이 주는 메시지를 자유롭게 해석하고 구성하는 과정을 경험함으로써 창의적인 사고가 가능하다. 따라서 글 없는 그림책은 글이 있는 그림책보다는 유아의 능동적 책 읽기가 가능한 장르라고 할 수 있다(서정숙, 남규, 2018).

글 없는 그림책은 1978년 피터 스파이어(Peter Spier)의 『노아의 방주』가 칼데콧 메달을 받으면서 그림책의 한 장르로 부각되기 시작하였다. 그 후 2000년 글 없는 그림책의 대표적 작가인 데이비드 위즈너(David Weisenr)의 작품들이 칼데콧상을 지속적으로 수상하였고 우리나라에도 출판되었다(이경우, 1998).

〈표 3-9〉 데이비드 위즈너의 칼데콧 수상작

자유 낙하 / 데이비드 위즈너 글·그림 / 이지유 역 / 미래아이, 2022	이상한 화요일 / 데이비드 위즈너 글·그림 / 비룡소, 2002	구름공항 / 데이비드 위즈너 글·그림 / 시공주니어, 2017
1989년 칼데콧 명예상 수상	1992년 칼데콧 대상 수상	2000년 칼데콧 명예상 수상

아기 돼지 세 마리 / 데이비드 위즈너 글·그림 / 이옥용 역 / 마루벌, 2002

2002년 칼데콧 대상 수상

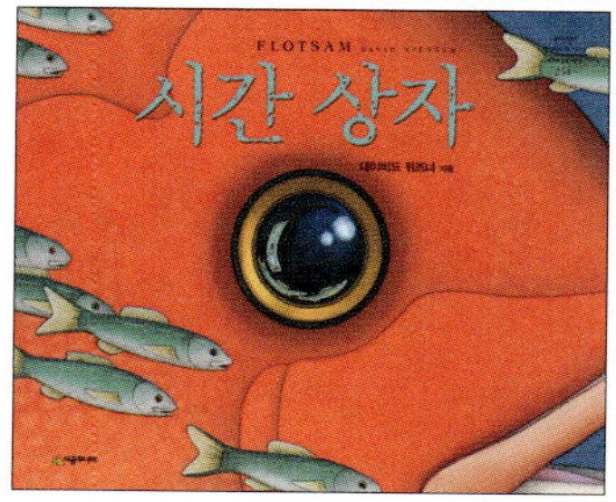

시간 상자 / 데이비드 위즈너 글·그림 / 시공주니어, 2018

2007년 칼데콧 대상 수상

이와 같은 글 없는 그림책은 다음과 같은 세 가지 종류로 유형을 분류할 수 있다(김정원 외, 2019).

첫째, 스토리가 있는 사실적 내용의 글 없는 그림책이다. 글이 있는 그림책처럼 문학적 요소를 모두 갖추되 그림만으로 스토리를 전달하기 때문에 작가는 그림을 통해 줄거리의 이해와 등장인물의 세부적인 묘사가 나타나도록 해야 한다. 이러한 종류의 글 없는 그림책은 문학적 경험과 동시에 그림만으로 스토리를 추론해 나가는 경험을 제공함으로써 유아의 시각적 문해와 논리적 추론능력을 발달시킬 수 있다. 또한 작가의 의도와 상관없이 유아가 그림책이 내용을 자유롭게 말이나 글로 재구성할 수 있어 구두언어, 이야기 짓기, 쓰기 능력 향상에도 도움을 준다. 대표적인 작품으로 『노란 우산』(류재수), 『빨강 파랑 강아지 공』(크리스 라쉬카), 『꿀!』(아서 가이서트) 등이 있다.

노란 우산 / 류재수 글·그림 / 보림, 2007

빨강 파랑 강아지 공 / 크리스 라쉬카 글·그림 / 지양어린이, 2012

꿀! / 아서 가이서트 글·그림 / 사계절, 2011

둘째, 전달할 개념과 정보가 포함된 글 없는 그림책이다. 이 종류의 글 없는 그림책은 단순한 정보나 지식 전달 차원보다는 유아 수준에 맞도록 사실적인 그림을 전달하는 데 초점을 두고 있다. 대표적인 작품으로 사진 속의 알파벳을 찾아내는 형식으로 만들어진 『알파벳 도시』(스테판 T. 존슨)가 있다. 유아는 사진을 보며 사진 안에 숨어 있는 알파벳을 찾아내는 재미를 느낄 수 있으며, 알파벳을 학습하는 것보다 그림이나 사진 속에서 알파벳을 쉽게 찾아냄으로써 시각적 이미지 정보를 쉽게 얻을 수 있다(강재희 외, 2019).

셋째, 상상의 요소가 있는 환상적 내용의 글 없는 그림책이다. 등장인물들이 의인화되거나 상상 또는 비현실적 사건이 발생하는 그림책이다. 이러한 종류의 글 없는 그림책은 무한한 상상을 통해 유아 개개인의 이야기를 만들 수 있기 때문에 수준 높은 책 만들기 활동으로 연계할 수 있다. 대표적인 작품으로는 『빨간 끈』(마곳 블레어), 『이봐요, 까망씨!』(데이비드 위즈너), 『머나먼 여행』(에런 베커) 등이 있다.

글 없는 그림책은 문학적 요소와 시각적 요소를 모두 가지고 있으며 글자를 모르는 유아들도 쉽게 접할 수 있다. 특히 그림에 나타난 다양한 이미지를 시각적으로 수용하고 추론과 상상을 통해 문학적 경험이 가능하다. 이러한 글 없는 그림책의 교육적 의의를 요약하면 다음과 같다.

- 글 없는 그림책은 유아의 책 읽기에 대한 긍정적 태도를 길러준다. 글이 없기 때문에 글을 모르는 유아들도 부담 없이 책을 보고, 느끼고, 상상할 수 있어 책에 대한 흥미를 높일 수 있다.
- 글 없는 그림책은 유아의 언어발달에 도움을 준다. 그림에 묘사된 내용을 추론하고 이야기를 지어보는 과정을 통해 유아의 구두 언어 수행능력을 발달시킬 수 있으며 이 과정에서 언어표현력이나 의사소통 능력뿐만 아니라 이야기 짓기, 쓰기 능력도 발달된다.
- 글 없는 그림책은 유아의 사고발달에 도움을 준다. 그림에 묘사된 내용을 마음껏 상상해 보고 재구성해 봄으로써 확산적 사고와 창의적 사고, 추론능력을 기를 수 있다.

생각 해보기

본 장에서는 유아문학의 장르를 구분해 보고 각 장르의 특성과 교육적 의의를 살펴보았습니다. 본 장의 내용을 아래 조별 활동을 통해 정리해 보세요.

- 글 없는 그림책을 1권을 선정하여 그룹별로 읽어보고 그림에 이야기를 지어본다. 각 조별로 작성한 이야기를 발표하고 비교해 본다.

〈글 없는 그림책 예시〉

이상한 화요일 / 데이비드 위즈너 글·그림 / 비룡소, 2002

노란 우산 / 류재수 글·그림 / 보림, 2007

- 환상 그림책과 사실 그림책을 1권씩 선정하여 읽은 후 주제, 등장인물, 배경, 플롯의 문학적 특성에서 차이점을 비교해 본다.
- 패러디 그림책을 1권 선정하여 조별로 읽은 후 원작과 비교해 본다.

PART 2

유아문학교육과 그림책

Chapter 04

그림책의 특성

* 학습 주제

그림책의 특성

* 학습 목표

그림책의 정의 및 문학적 특성에 대해 알아본다.
텍스트와 주변 텍스트, 그림책의 예술적 요소를 알아본다.
유아문학교육을 위해 좋은 그림책을 선정할 수 있다.

* 들어가는 말

그림책의 특성은 한마디로 표현하기 어려울 정도로 복합적입니다. 문학적인 요소와 예술적인 요소를 함께 고려하고 글과 그림을 유기적 결합으로 바라보아야하기 때문입니다. 글과 그림의 본 텍스트뿐 아니라 표지, 면지, 속표지, 책의 크기와 형태, 글자 배열 등 주변 텍스트도 그림책을 보는 재미와 그림책을 이해할 수 있는 관점을 갖게 하는 요소입니다. 본 장에서는 그림책의 특성에 대해 알아보고 유아문학교육을 위해 그림책을 선정하는 방법에 대해 살펴보겠습니다.

1 그림책의 개념

그림책은 글과 그림이 유기적으로 결합된 형태이다. 본 절에서는 그림책의 개념에 대해 살펴보고, 그림책의 정의와 문학적 특성을 중심으로 그림책 속의 글과 그림이 어떻게 이야기를 전달하는지 알아보고자 한다. 주제와 소재, 등장인물, 플롯, 문체, 배경 등 문학적 요소를 통해 그림책은 유아에게 적합한 주제를 다루며, 유아의 생활과 관점을 반영해 흥미를 유발하고 이해를 돕는다. 그림책은 유아가 감정을 투영하고 내적 갈등을 해소하며 상상력을 키울 수 있는 도구가 된다.

1) 그림책의 정의

그림책은 글과 그림으로 이루어진 책으로 '이야기책(story book)'과 '그림책(picture book)'으로 나누어 설명할 수 있다(현은자, 변윤희, 강은진, 심향분, 2004). 이야기책은 글만으로 이야기를 완전히 이해할 수 있는 책으로 눈앞에 펼쳐지는 이미지와 들리는 소리 등을 모두 글로 표현한 것이며, 그림은 글에서 표현한 내용의 일부만을 보여주는 장치이다. 그림책은 글을 쓰는 작가와 같이 그림을 그리는 작가, 일러스트레이터가 그림으로 이야기를 써서 제작한 책으로, 글과 그림이 유기적으로 결합되어 비로소 그림책이 완성된다. 그림책은 그림을 보면서 글을 함께 읽어야 완전히 이해할 수 있는 책이다.

서정숙과 남규(2020)는 여러 학자들의 견해를 종합하여 그림책에 대해 다음과 같이 정리하였다.

- 그림책은 글과 그림 두 개의 언어가 유기적으로 구성된 복합 언어 예술이다.
- 그림책은 텍스트와 주변텍스트(paratext)의 요소 하나하나가 마치 오케스트라에서의 악기처럼 그림책에서 말하고자 하는 바를 전달하기 위해 다양한 방식으로 제 역할을 하는 오케스트라적 조합물이다.
- 그림책의 장면도 유기적으로 구성된다. 그림책은 넘기는 드라마다.
- 그림책은 앞표지부터 뒤표지에 이르기까지 제목을 중심으로 전체적으로 통합된 책이다.
- 그림책의 글 언어와 그림 언어를 읽는 방식은 서로 다르다. 그러므로 이 두 가지의 언어에 대한 이해를 위해서는 다양한 그림책에 대한 경험과 적절한 학습이 필요하다.

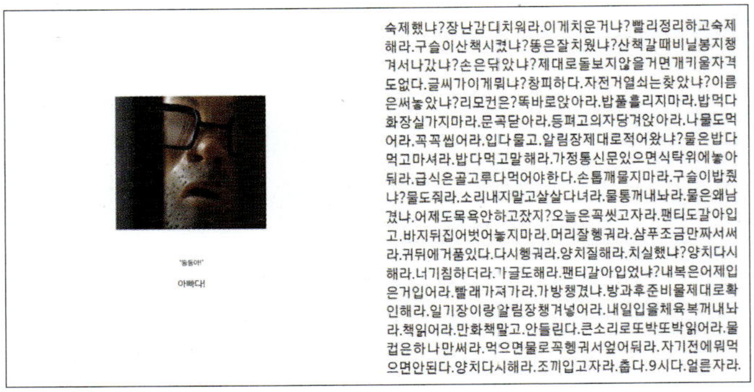

[그림 4-1]『알사탕』 중 아빠의 잔소리가 나오는 글과 그림 장면

알사탕 / 백희나 글·그림 / 스토리보울, 2024

> "그림책은 그림과 단어들이 서로 의존하면서 이야기를 꾸며 나가며,
> 두 개의 마주 보는 페이지가 동시적으로 펼쳐지면서,
> 그 페이지가 넘겨질 때 극적인 상황이 정해지는 예술 형태다."
>
> 〈American Picture Book〉 Barbara Bader (김현희, 박상희, 2020에서 재인용).

따라서 그림책은 이야기가 있는 그림으로 구성된 책으로, 글과 그림을 함께 볼 때 의미가 있다. 글이 거의 없거나 글이 전혀 없는 그림책도 있는데, 이러한 경우는 그림 자체에 이야기가 담겨있거나, 그림을 보면서 독자가 이야기를 구성할 수 있다. 본서에서는 영유아를 위한 문학작품 및 그림책에 대해 다루므로 글과 그림의 형태나 내용 측면에서 영유아가 감상하기에 적절하고 이해가 가능한 범위의 그림책에 대해 안내하였다.

2) 그림책의 문학적 특성

그림책은 주제, 등장인물, 플롯, 문체, 배경 등의 문학적 구성요소를 갖추고 있다. 물론 한 그림책 내에 5가지 요소가 한꺼번에 들어있지 않은 경우도 있다. 그림책의 길이나 분량, 대상 연령, 또는 작가의 의도에 따라 텍스트가 많지 않은 경우 문체를 파악하기 힘든 경우도 있다. 다음에서 5가지 요소에 대해 각각 살펴보고자 한다.

(1) 주제와 소재

주제(theme)는 이야기 속에 들어있는 핵심적 내용으로 작가가 문학작품을 통해 나타내고자 하는 중심 생각이다. 소재는 그림책 속 내용을 표현하기 위한 모든 재료를 의미하는 것으로 예를 들어 가족 간의 사랑을 주제로 한『피터의 의자』(에즈라 잭 키츠)는 이야기의 소재로 '의자'를 사용하여 피터가 동생을 가족으로 받아들이는 성장 과정을 다루었다.

피터의 의자 / 에즈라 잭 키츠 글·그림 / 이진영 역 / 시공주니어, 1996

유아를 위한 그림책은 무엇보다 유아의 생활 및 관점과 관련이 있어야 하며 유아가 이해할 수 있는 주제여야 한다. 간혹 그림책의 형태로 구성되어 있으나, 주제를 살펴보면 유아가 이해하기 어려운 주제, 폭력적이거나 윤리적이지 못한 주제, 편향적인 성향이 담겨있는 어른들을 위한 그림책이 유통되고 있어 유아를 위한 그림책을 선정할 때 주의해야 한다. 유아를 위한 그림책의 주제 및 소재로는 가족 간의 관계와 사랑, 유아 자신의 심리적 발달과 성숙, 친구 관계, 자연물이나 주변 환경에 대한 내용 등이 주로 등장한다. 다음에서 각각의 내용에 대해 살펴보겠다.

첫째, 가족 간의 관계와 사랑에 관련된 그림책은 유아가 생활 속에서 가장 큰 영향을 받는 대상인 가족에 관련된 이야기가 담겨 있어 좋은 주제와 소재가 될 수 있다. 아래에 제시한 그림책이 가족을 주제와 소재로 한 것이다. 유아는 부모-자녀 간의 사랑이 담긴 이야기를 보면서 가족 안에서의 관계와 애정을 느낄 수 있고 형제자매와의 갈등을 경험하고 극복해 가는 이야기를 통해 등장인물에 자신의 감정을 이입하고 내적 갈등을 해소할 수 있다. 재혼이나 이혼가정, 조손가정, 입양가정 등 다양한 가족의 형태가 담긴 그림책을 보면서 유아는 여러 가족을 자연스럽게 이해할 수 있게 된다.

순이와 어린 동생 / 쓰쓰이 요리코 글 / 하야시 아키코 그림 / 양선하 역 / 한림, 1995

엄마 마중 / 이태준 글 / 김동성 그림 / 보림, 2013

우리 할아버지 / 존 버닝햄 글 · 그림 / 박상희 역 / 비룡소, 1995

나는 개다 / 백희나 글 · 그림 / 스토리보울, 2024

아빠와 함께 피자놀이를 / 윌리엄 스타이그 글 · 그림 / 김경미 역 / 비룡소, 2018

따로따로 행복하게 / 배빗 콜 글 · 그림 / 고정아 역/ 보림, 1999

새로운 가족 / 전이수 글 · 그림 / 헤르몬하우스, 2024

엄마는 회사에서 내 생각 해? / 김영진 글·그림 / 길벗어린이, 2014

엄마가 화났다 / 최숙희 글·그림 / 책읽는곰, 2011

둘째, 유아 자신에 관련된 이야기로 일상적 경험을 통해 발달하고 성장해 나가는 주제를 다루고 있는 그림책이다. 유아는 특히 자신과 동일시할 수 있는 등장인물이 나오는 내용에 흥미를 느낀다. 등장인물이 주변 사람들과 긍정적 관계를 형성해 나가는 장면을 감상하며 자신을 투영할 수 있다. 등장인물이 어려움을 극복하거나 갈등을 해결해 나가는 과정을 통해 대리만족을 하기도 하며, 비슷한 처지나 상황에 놓여있는 등장인물을 보면서 내적 갈등을 해소하는 과정을 살펴보며 유아는 힘과 용기를 얻는다.

소피가 화나면 정말정말 화나면 / 몰리 뱅 글·그림 / 박수현 역 / 책읽는곰, 2013

꽁꽁꽁 피자 / 윤정주 글·그림 / 책읽는곰, 2020

지하철을 타고서 / 고대영 글 / 김영진 그림 / 길벗어린이, 2006

내 토끼 어딨어? / 모 윌렘스 글 · 그림 / 정회성 역 / 살림어린이, 2008

알사탕 / 백희나 글 · 그림 / 스토리보울, 2024

친구가 미운 날 / 가사이 마리 글 / 기타무라 유카 그림 / 윤수정 역 / 책읽는곰, 2018

셋째, 유아의 주변 환경이나 생활, 계절, 자연물에 대한 이야기는 유아에게 흥미를 불러일으키면서도 교육적으로 유익하게 활용이 가능하므로 그림책에 자주 등장하는 주제와 소재이다. 계절에 따른 날씨나 생활의 변화, 바람이나 눈, 비, 태풍 등 자연현상, 동물이나 식물 등에 관련된 이야기와 그림은 유아에게 친숙하고 흥미를 불러일으킨다. 예를 들어 수박을 많이 먹는 여름에 『수박 수영장』(안녕달) 그림책을 보고 책 속 그림과 이야기에 대해 감상한다면, 유아는 수박을 먹을 때 이야기를 떠올리거나 그림책을 보면서 수박을 먹었던 경험을 회상하는 등 일상과 문학작품 속의 경계를 오가며 풍부한 상상력을 확장해 나갈 것이다.

바람이 불었어 / 팻 허친스 글 · 그림 / 박현철 역 / 시공주니어, 1997

눈 오는 날 / 에즈라 잭 키츠 글 · 그림 / 김소희 역 / 비룡소, 1995

눈사람 아저씨 / 레이먼드 브리그스 글 · 그림 / 마루벌, 2024

야, 비온다 / 이상교 글 / 이성표 그림 / 보림, 2022

허리케인 / 데이비드 위즈너 글·그림 / 이지유 역 / 미래아이, 2022

달샤베트 / 백희나 글·그림 / 스토리보울, 2024

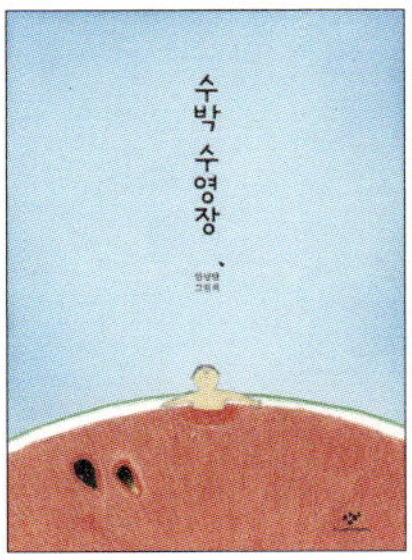

수박 수영장 / 안녕달 글·그림 / 창비, 2015

솔이의 추석 이야기 / 이억배 글·그림 / 길벗어린이, 1995

노란 우산 / 류재수 글·그림 / 보림, 2007

(2) 등장인물

그림책의 등장인물은 사람, 동물이지만 의인화가 되어 있어 사람과 같이 감정이입이 되는 대상, 살아 움직이는 것 같이 의인화된 물건 등이다. 유아의 시선에서 바라볼 수 있는 등장인물은 유아 자신의 모습이나 행동이 반영되고, 유아의 감성과 정서를 잘 나타내어 독자인 유아가 동일시하기 쉽고 공감할 수 있는 존재로 묘사된다(김현희, 박상희, 2020). 앞서 3장에서 살펴본 유아문학의 장르에서 다루었던 민담의 경우, 보통 평면적이고 전형적인 모습의 등장인물이 나온다. 콩쥐는 항상 착하고 팥쥐는 항상 나쁜 특성을 나타내는 것과 같이 등장인물의 특성이 변화하지 않고 한결같이 나타난다. 환상 그림책이나 일상생활을 다루는 그림책의 주인공은 보다 입체적이고 다면적인 경우가 많다. 예를 들어 『괴물들이 사는 나라』(모리스 샌닥)의 맥스는 장난치는 모습, 괴물들에게 호통치는 모습 등 다양한 특성을 나타내는 등장인물이다.

[그림 4-2]『괴물들이 사는 나라』 등장인물

괴물들이 사는 나라 / 모리스 샌닥 글·그림 / 강무홍 역 / 시공주니어, 1994

(3) 플롯

플롯(plot)은 이야기의 구조나 뼈대에 해당하는 것으로 이야기 속 일어나는 사건의 순서를 이른다. 줄거리를 구성해 가는 방식은 단선적 형식, 누적적 형식, 연쇄적 형식, 회귀적 형식이 있다.

단선적 형식은 시간의 흐름에 따라 이야기가 순서대로 전개되는 것으로 흔히 유아를 위한 그림책은 발단 → 전개 → 절정 → 결말의 기승전결 구조를 보이며 간단한 발단으로 시작하여 이야기가 전개되다가 절정에 이르러 만족스러운 결말을 맺는 것이 일반적이다.

누적적 형식은 비슷한 사건이 반복되면서 시간의 흐름에 따라 등장인물이나 사건이 추가되는 방식으로 이야기가 전개된다. 또는 어떠한 행동이 원인이 되어 다음 결과에 영향을 끼치는 전개로 줄거리가 진행되는 방식이다. 예를 들어『쌀 한 톨로 장가든 총각』(이호백)에서는 총각이 쌀 한 톨에서 시작하여 점차 쥐, 고양이, 강아지, 송아지를 얻기까지 과정을 비슷한 사건이 반복되다가 주인아저씨 딸과 결혼하게 되는 결말에 이른다.『야, 우리 기차에서 내려!』(존 버닝햄) 또한 누적적 형식으로 진행되는데, 주인공 아이가 강아지와 함께 기차를 타고 가다가 코끼리, 학, 물개, 호랑이 등 동물들이 기차에 태워달라고 요구하면서 한 마리씩 기차에 태워주는 과정을 이야기로 표현한 작품으로 반복되는 구조를 보인다.

연쇄적 형식은 하나의 사건이 원인이 되어 다른 사건이 유발되는 방식을 보인다. 예를 들어 『꼬리를 돌려주세요』(노니 호그로지안)에서는 할머니의 우유를 마시다 꼬리를 잘린 여우가 꼬리를 찾기 위해 암소에게 우유를 가지러 가고, 암소의 우유를 얻기 위해 풀을 가지러 가고, 다시 풀을 얻기 위해 물을 가지러 가는 전개로 구성된다.

회귀적 형식은 비슷한 사건이 반복되다가 다시 원점으로 돌아가 회귀하는 형태를 보인다. 『사윗감을 찾아 나선 두더지』가 회귀적 형식의 대표적 사례로 두더지 부부는 딸의 사윗감을 찾기 위해 세상에서 가장 힘이 센 존재를 찾아 나선다. 해님, 구름, 바람, 돌부처 등 세상의 힘센 존재를 찾다가 결국 두더지가 가장 좋은 사윗감이라는 것을 깨닫게 되는 줄거리이다.

(4) 문체

문체는 문장의 형태로 작가가 글을 쓰는 스타일이나 작품에서 표현하고자 하는 말투라고 생각할 수 있다. 어떠한 언어를 사용하는지, 단어의 선택이나 문장의 구성이나 상징 등과 관련이 있다. 유아를 위한 그림책의 문체는 짧고 반복되며 리듬감이 느껴지는 것이 일반적이다. 유아가 이해할 수 있어야 하므로 간결한 문장과 주고받는 대화체를 많이 사용하고, 우리말의 아름다움을 표현하고 의성어와 의태어 등 풍부한 표현을 사용한다. 『고구마구마』(사이다)는 '~구마'체를 사용하여 '고구마는 맛나구마', '고구마는 둥글구마', '고구마는 길쭉하구마' 등 각운을 맞추어 표현하여 유아에게 재미를 준다.

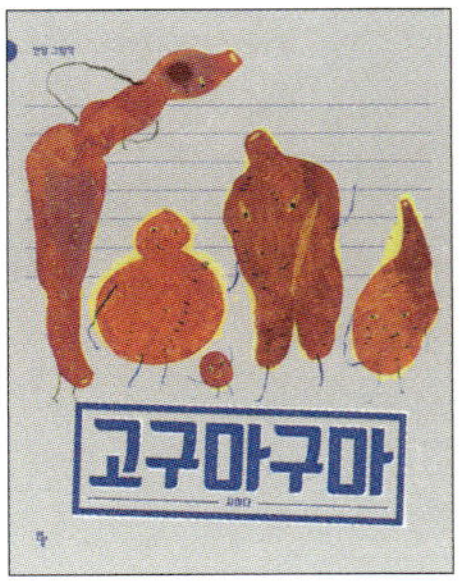

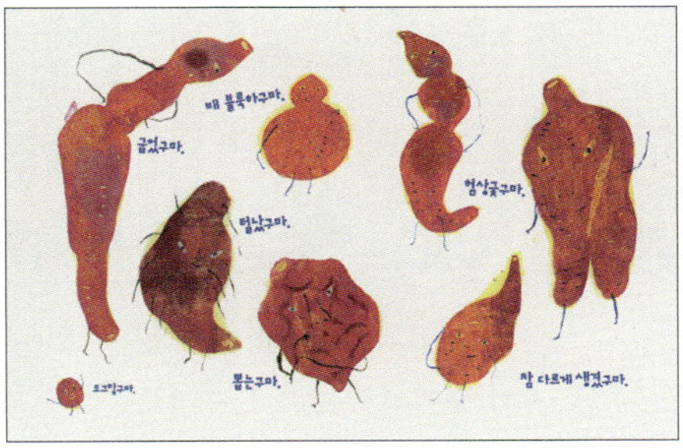

[그림 4-3] 『고구마구마』의 문체

고구마구마 / 사이다 글·그림 / 반달(킨더랜드), 2017

(5) 배경

그림책 속의 배경은 시간적인 배경과 공간적인 배경으로 구분된다. 배경은 이야기를 더욱 풍부하게 이해할 수 있는 막과 같은 역할을 하며, 그림책 속 이야기로 빠져들게 하는 맥락을 제공한다. 『깜박깜박 도깨비』(권문희)는 우리나라 전래동화의 형태로 시간적으로 옛날 옛적의 과거이며, 공간적으로 등장인물이 살고 있는 마을과 도깨비가 가야 하는 하늘나라 등이 등장하며 그림책의 배경이 이야기를 이해하는데 바탕이 된다. 『깊은 밤 부엌에서』(모리스 샌닥)의 배경은 주인공인 미키의 방에서부터 시작하여 부엌으로 갔다가 마지막에는 은하수가 있는 밤하늘로 이동해가며 이야기가 전개된다.

[그림 4-4] 『깜박깜박 도깨비』의 배경

깜박깜박 도깨비 / 권문희 글·그림 / 사계절, 2014

[그림 4-5] 『깊은 밤 부엌에서』의 배경

깊은 밤 부엌에서 / 모리스 샌닥 글·그림 / 강무홍 역 / 시공주니어, 1994

2 텍스트와 주변 텍스트

그림책은 텍스트와 주변텍스트로 구성되어 있다. 텍스트는 그림책의 주요 구성요소로서 글과 그림에 해당하고, 주변 텍스트는 텍스트 이외의 모든 것 즉, 앞표지, 뒤표지, 면지, 속표지, 책의 크기와 형태, 글자 배열, 서체, 글씨 크기, 그림틀 등을 일컫는 말이다. 그림책은 텍스트와 주변 텍스트의 유기적 결합으로 내용을 전달하므로 텍스트와 주변 텍스트를 종합적으로 고려하여 감상해야 한다(서정숙, 남규, 2018).

1) 텍스트

그림책의 텍스트는 글과 그림으로 구성된다. 글의 내용에 대해서는 앞 절에서 주제와 소재, 등장인물, 플롯, 문체, 배경으로 다루었으므로 글과 그림의 관계를 위주로 살펴보겠다. 그림책의 글과 그림의 유기적 관계를 분석하기 위한 기준으로 글 텍스트와 그림 텍스트가 서로 같은 방향의 이야기인지를 고려하여 글과 그림이 같은 방향으로 진행되는 이야기일 경우 동행 관계, 글과 그림이 같은 방향이 아닌 경우 비동행 관계로 본다(서정숙, 남규, 2018).

(1) 글과 그림의 동행 관계

글과 그림의 동행 관계는 그림책 속 글 텍스트와 그림 텍스트가 서로 같은 방향으로 진행되는 것을 일컫는다. 대체로 글은 그림을 설명하거나 묘사하는 기능을 하고 그림 또는 글을 잘 표현하는 역할을 한다. 그림을 통해서 글의 의미를 확장하고 유추하는 역할을 하며, 글로 자세히 묘사할 수 없는 부분까지 그림으로 표현할 수 있다. 『검피 아저씨의 뱃놀이』(존 버닝햄)에서는 배에 모두 올라탄 동물들이 위태롭게 배 위에 있는 그림과 함께 글 텍스트가 동물들의 동작과 행동을 의성어, 의태어로 표현하여 글과 그림이 장면을 보다 역동적으로 설명해 준다.

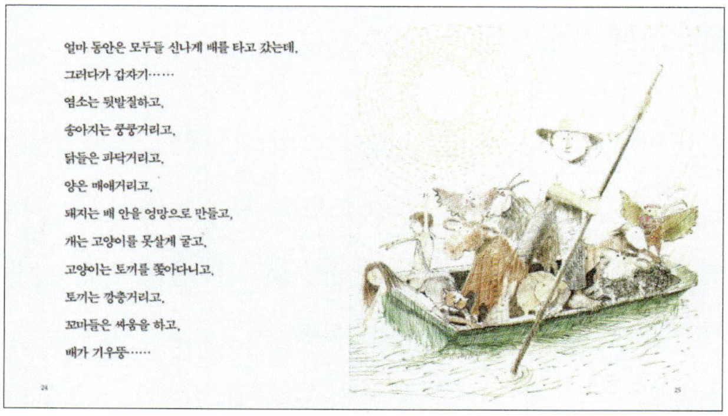

[그림 4-6] 『검피 아저씨의 뱃놀이』의 텍스트

검피 아저씨의 뱃놀이 / 존 버닝햄 글·그림 / 시공주니어, 1996

유아는 발달적으로 완전한 읽기가 완성되지 않은 시기이므로 글 텍스트보다는 그림 텍스트에 주목한다. 유아에게 있어 그림은 글만큼 중요한 텍스트로 다가온다. 예를 들어 『괴물들이 사는 나라』(모리스 샌닥)에는 여러 괴물들이 등장하는데 대부분 갈퀴발이나 발톱이 긴 짐승의 발을 갖고 있지만, 유독 표지에 나온 괴물만 사람 발로 보인다. 어떤 유아는 그림책을 감상하면서 '이 괴물은 진짜 괴물이 아니라 사실 사람인데 괴물의 탈을 쓰고 있다.'고 말하기도 한다. 이처럼 그림책 속 그림은 유아에게 있어 내용을 해석하고 풍부한 감상을 하게 하는 중요한 요건이 된다.

[그림 4-7] 『괴물들이 사는 나라』의 표지와 내지

괴물들이 사는 나라 / 모리스 샌닥 글·그림 / 강무홍 역 / 시공주니어, 1994

(2) 글과 그림의 비동행 관계

그림책 속 글과 그림의 비동행 관계는 글과 그림이 한 방향으로 가지 않거나 불일치를 보임으로써 문학적 재미와 허용을 보여준다. 『동물원』(이수지)에서는 한 아이가 엄마, 아빠와 함께 동물원에 갔다가 길을 잃고 동물들과 함께 놀이하는 환상의 세계로 들어간다. 엄마, 아빠는 아이를 찾아 헤매지만, 아이는 즐겁고 기쁜 모습을 보인다. 엄마, 아빠의 관점에서는 어두운 색감으로 표현했으나, 아이가 보는 동물들은 화려한 색깔의 공작새와 알록달록한 색감으로 표현하여 대조적으로 보인다.

[그림 4-8] 『동물원』 표지

동물원 / 이수지 글 · 그림 / 비룡소, 2004

2) 주변 텍스트

주변 텍스트(paratext)는 글과 그림의 본 텍스트(main text) 이외의 표지, 면지, 속지, 책의 크기와 형태, 글자 배열, 서체, 글씨 크기, 그림틀 등 그림책을 구성하는 부가적인 요소를 말하는 것으로, 유아는 그림책을 볼 때 본 텍스트뿐 아니라 주변 텍스트까지 종합적으로 감상한다.

(1) 표지

표지는 물리적으로는 그림책을 감싸는 역할을 하는 것으로 앞표지와 뒤표지로 구성된다. 유치원과 어린이집, 유아를 위한 도서관, 서점 등에서는 앞표지가 보이도록 전면 책꽂이에 그림책을 비치한다. 그만큼 앞표지는 그림책의 간판이 되는 것으로 그림책을 고를 때 내용을 열어보고 싶은 호기심을 유발하기도 하고 강렬한 인상을 남기기도 한다. 앞표지는 그림책 속 대표적인 장면을 보여주기도 하고, 별도의 그림으로 제시하기도 한다. 뒤표지는 그림책을 다 보고 나서 여운이 남도록 상징적인 그림을 제시하거나 간혹 열린 결말을 상징하고 후속 이야기를 상상할 수 있는 역할을 하기도 한다. 뒤표지에 아무것도 없이 바코드나 책의 정보 등이 제시되는 경우도 있다. 앞표지와 뒤표지가 별개로 제시되기도 하고, 책을 펼쳤을 때 연결되는 경우도 있다.

[그림 4-9] 『아씨방 일곱 동무』의 연결되는 앞 · 뒤표지

아씨방 일곱 동무 / 이영경 글·그림 / 비룡소, 1998

(우측-앞표지에는 집 밖에서의 시점으로 집 안의 아씨들이 창문을 빼꼼 열고 쳐다보는 모습이 보인다. 좌측-뒤표지에는 집 안에서의 시점으로 아씨들의 뒷모습이 보이며 집 밖을 바라보는 모습이다.)

(2) 면지

면지는 표지를 열자마자 본문의 내용이 나오기 전 앞표지의 뒷부분에 해당하는 것으로 제본할 때 표지와 내지를 튼튼하게 연결시켜주는 역할을 한다. 면지는 기능적으로만 존재하는 경우도 있지만, 그림책과 관련된 글이나 그림, 그림책 내용을 보기 전에 힌트가 되는 내용 등 문학적 재미를 주는 경우도 있다. 『구름빵』(백희나)의 면지는 시작할 때는 먹구름이 낀 흐린 하늘로 표현하여 비가 올 것 같은 느낌을 준다. 본문에서는 비가 와 회사에 늦은 아빠를 위해 등장인물들이 구름빵을 구워 아빠 회사로 가져다주는 내용이 전개된다. 아빠에게 구름빵을 잘 배달하고 지붕 위에서 비가 그치고 갠 하늘 아래 구름빵을 나누어 먹는 모습이 나온다. 그림책을 다 보고 닫기 전 뒷면지는 비가 그치고 갠 하늘을 표현하였다.

[그림 4-10] 『구름빵』 앞 면지(위)와 뒷 면지(아래)

구름빵 / 백희나 글·그림 / 한솔수북, 2019

(3) 속표지

속표지는 앞표지, 면지에 이어지는 다음 장으로 본격적으로 그림책의 내용이 시작되기 전 제목, 작가, 작가의 말 등이 담겨있다. 앞표지와 동일한 제목과 그림을 반복하여 속표지에 제시하는 경우도 있고, 한층 그림책 속으로 빠져들게 하는 단서를 제공하는 경우도 있다. 『도둑을 잡아라!』(박정섭)의 속표지는 좌측에 작가 소개와 출판사 소개, 출판일 등 정보를 제공하며, 우측에는 그림책 제목과 글, 그림 작가, 그리고 도둑의 다급한 뒷모습을 살짝 보여주어 독자로 하여금 호기심을 불러 일으킨다.

[그림 4-11] 『도둑을 잡아라!』의 속표지

도둑을 잡아라! / 박정섭 글·그림 / 시공주니어, 2010

(4) 기타

이 외에도 기타 주변 텍스트로 책등과 띠지 등이 있다. 책을 세로로 책꽂이에 꽂았을 때 보이는 책의 옆면인 책등이 있다. 보통 책등에는 제목과 작가만 쓰여 있는 경우가 일반적인데, 간혹 작은 그림이 등장하는 그림책도 있다. 『달샤베트』(백희나)의 책등에는 제목 아래에 물방울이 떨어지고 있어 마치 샤베트가 녹아내리는 듯한 모습을 상징적으로 보여준다. 책을 구매하면 책에 대한 정보나 수상 여부 등 홍보 문구가 담겨 있는 띠지가 둘려 있다. 『엄마의 선물』(김윤정)의 띠지에는 선물받을 사람의 이름을 새겨서 주문할 수가 있어 그림책 제목과 같이 독자가 선물을 받는 느낌을 받도록 내용이 구성되어 있다.

책의 크기와 형태도 주변 텍스트의 요소이다. 『알사탕 제조법』(백희나)은 손바닥만큼 작은 그림책으로 비밀스럽게 알사탕의 제조법을 알려주는 느낌을 주기도 하고 『알사탕』(백희나)의 부록이나 번외편처럼 느껴지기도 한다. 반대로 책의 크기가 매우 큰 『곰』, 『트럭』 그림책은 빅북(big book)으로 그림책 속 등장인물이나 소재의 크기만큼 그림책 실물도 크게 제작하여 독자를 압도하는 느낌을 준다. 『바다 100층짜리 집』(이와이 도시오)은 바다로 내려가는 집을 표현하고자 그림책을 펼쳤을 때 세로로 길게 보여준다. 또한 『아주아주 배고픈 애벌레』(에릭 칼)는 애벌레가 먹은 음식들을 옆으로 길게 나열하여 보여준다.

[그림 4-12] 『바다 100층짜리 집』
이와이 도시오 글·그림 / 김숙 역 / 북뱅크, 2014

[그림 4-13] 『아주아주 배고픈 애벌레』
에릭 칼 글·그림 / 김세실 역 / 시공주니어, 2022

글씨 크기와 글씨체는 그림책을 감상하는 또 다른 재미와 문학적 감흥을 준다. 『곰 사냥을 떠나자』(마이클 로젠 글, 헬린 옥스버리 그림)에서 가족들이 곰을 찾으러 가는 장면에서 의성어나 의태어의 글씨가 점점 커진다. '덤벙 텀벙! 덤벙 텀벙! 덤벙 텀벙!'의 동일한 표현이지만 글씨 크기가 점점 커지면서 더욱 가까이 다가오며 소리도 점점 커지고 역동적인 느낌을 준다. 『맴』(장현정)이나 『꿀!』(아서 가이서트)에서 나타난 글씨체와 글씨 크기는 '치르르르…' 소리가 점점 작아지는 느낌을 주고, '꾸우우울' 소리는 글씨 크기가 점점 커져 소리가 점점 커지는 느낌을 주고 글씨체에서도 역동적인 느낌을 준다.

[그림 4-14] 『곰 사냥을 떠나자』의 글씨 크기

곰 사냥을 떠나자 / 마이클 로젠 글 / 헬린 옥스버리 그림 / 공경희 역 / 시공주니어, 1994

[그림 4-15] 『맴』의 글씨 크기

맴 / 장현정 글·그림 / 반달(킨더랜드), 2015

[그림 4-16] 『꿀!』의 글씨 크기

꿀! / 아서 가이서트 글·그림 / 사계절, 2011

글자 배열에 따라서 그림과 글에 대한 느낌이 달라진다. 『작은 집 이야기』(버지니아 리 버튼)의 그림 속 집과 주변 환경의 구도가 곡선으로 부드럽게 표현된 것처럼 글자 배열 또한 곡선으로 표현되어 있어 그림과 글자가 조화롭게 보인다. 만약 그림과 달리 글자의 정렬을 직선으로 했다면 느낌이 달라졌을 것이다.

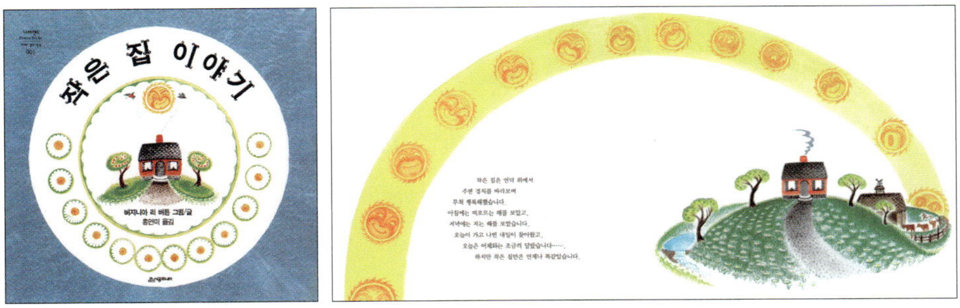

[그림 4-17] 『작은 집 이야기』의 글자 배열

작은 집 이야기 / 버지니아 리 버튼 글·그림 / 홍연미 역 / 시공주니어, 1993

3 그림책의 예술적 요소

그림책은 글과 그림, 본 텍스트와 주변 텍스트로 구성된 종합예술작품이라고 할 수 있다. 그림책을 대상으로 수상하는 칼데콧 상과 볼로냐 라가치 상이 그림책 속 삽화나 그림의 예술성을 중점적으로 심사하는 만큼 그림책의 예술적 가치는 뛰어나다. 이야기는 그 자체로서 문학적 성격을 가지고 글과 그림이 표현된 양식이나 기법에 따라 예술적 요소로 구성된다. 그림책 속의 색, 선, 공간, 모양, 형태, 질감 표현을 위한 매체 사용 등 예술적 요소에 대해 살펴보고자 한다.

1) 색

그림책에서 색의 사용은 등장인물의 개성 표현, 시간적 배경의 표현, 흑백 그림 속의 강조, 등장인물의 정서 표현, 이야기 구성에서의 기여 등 여러 표현을 위한 수단이 된다(서정숙, 남규, 2018). 붉은 계열은 따뜻한 느낌을 주고 푸른 계열은 차가운 느낌을 주는 등 색깔을 통해 보편적으로 사람들이 받는 느낌이 있다. 문화에 따라서도 색은 다르게 사용되는데 예를 들어 서양에서는 죽음을 검은색으로 표현했지만, 우리나라에서는 전통적으로 장례를 치를 때 흰색 상복을 입는 등 차이를 보인다. 그림책에서의 색의 사용은 초록색 풀이나 파란색 하늘과 같이 관습적 사용에서 벗어나 다양한 색으로 표현함으로써 새로운 의미를 창출해 내기도 한다.

[그림 4-18] 『파랑이와 노랑이』의 색

파랑이와 노랑이 / 레오 리오니 글·그림 / 이경혜 역 / 파랑새어린이, 2003

[그림 4-19] 『파도야 놀자』의 색

파도야 놀자 / 이수지 글·그림/ 비룡소, 2009

2) 선

선은 모양의 윤곽을 드러내고 질감을 표현하는 데 사용된다. 선의 굵기나 강도에 따라 그림의 표현이 달라진다. 직선과 곡선, 산만하고 어지러운 선의 구성과 직선으로 표현되는 각진 선, 부드럽고 유연한 선, 굵고 힘찬 선과 가늘고 약한 선 등 다양한 선의 종류로 표현할 수 있다. 『선』(이수지)에서는 스케이트를 타는 아이의 경로를 선으로 표현하여 여백이 많고 배경이 꽉 차 있지 않으나 선으로만 표현하고도 정적이고 동적인 상황을 잘 나타내었다.

[그림 4-20] 『선』

선 / 이수지 글·그림 / 비룡소, 2017

3) 배치

그림책 속 그림의 모양과 형태, 여백과 공간은 중요한 예술적 요소가 된다. 그림책 속 여백이 많고 등장인물이나 사물만 배치할 경우 집중하게 되는 효과가 있으며, 반대로 여백이 없이 공간이 꽉 차 있는 경우 무질서나 압도하는 느낌을 줄 수 있다. 『괴물들이 사는 나라』(모리스 샌닥)에서 주인공 맥스가 집에서 있는 장면에서는 여백이 많다가 점차 환상 세계 속으로 들어감에 따라 여백이 줄어든다. 괴물들이 사는 나라에 도착하여 맥스가 왕이 되고 괴물들과 함께 신나게 노는 장면에서는 여백이 없이 전체 공간을 빼곡하게 채워 환상성이 극대화되는 느낌을 준다.

[그림 4-21]『괴물들이 사는 나라』의 배치

괴물들이 사는 나라 / 모리스 샌닥 글·그림 / 강무홍 역 / 시공주니어, 1994

『아기 오리들한테 길을 비켜 주세요』(로버트 맥클로스키)에서는 원근법을 사용하여 도심 속을 걸어가는 오리들의 모습을 사선으로 배치하였다. 그림책 속 구도와 원근법을 사용한 표현은 집중하여 주목하거나 멀리서 조망하는 등 독자에게 있어 그림책 속 장면과 등장인물을 바라보는 데 도움을 준다.

[그림 4-22]『아기 오리들한테 길을 비켜 주세요』의 원근법

아기 오리들한테 길을 비켜 주세요 / 로버트 맥클로스키 글·그림 / 이수연 역 / 시공주니어, 1999

4) 매체

그림책 속 질감의 느낌은 그림을 그리는 기법과 매체 사용에 따라 달라진다. 질감은 그림책을 바라보는 인상과 같은 것으로 같은 내용이라 할지라도 질감 표현을 위해 어떠한 매체를 사용하였는지에 따라 독자의 느낌은 영향을 받는다. 예술 작품과 마찬가지로 목탄, 연필, 펜, 잉크, 색연필, 물감, 구아슈, 템페라, 아크릴, 파스텔, 콜라주, 스크래치, 사진, 판화 등 거의 모든 기법을 사용할 수 있다. 미술관, 어린이 박물관, 도서관 등에서 열리는 그림책 원화전에 가면 그림 작가가 실제로 어떠한 기법을 사용하여 그림책을 제작하였는지 감상할 수 있다. 예를 들어 백희나 작가는 콜라주 기법과 더불어 인형과 배경을 직접 입체적으로 제작하여 사진을 찍어 표현하는 기법을 많이 사용한다. 이러한 입체적 표현은 유아가 그림책 속 세계를 보다 실감 나게 느끼게 해주는 장치가 된다.

[그림 4-23] 콜라주 기법을 사용한 『눈 오는 날』

에즈라 잭 키츠 글·그림 / 김소희 역 / 비룡소, 1995

[그림 4-24] 아크릴 물감을 사용한 『미스 럼피우스』

바버러 쿠니 글·그림 / 우미경 역 / 시공주니어, 1996

4 유아문학교육을 위한 그림책의 선정

좋은 그림책에 대한 기준은 독자마다 다를 것이다. 유아문학교육을 위해 교사로서 그림책을 선정한다면, 교육의 대상이 되는 유아의 특성, 연령, 그림책에 대한 사전 경험, 현재의 맥락과 처해진 상황 등 복합적인 요소를 고려해야 할 것이다. 일반적으로 좋은 그림책은 문학적인 요소와 예술적인 요소를 함께 고려하여 선정할 수 있다. 교사는 그림책을 고를 때 제목이나 표지만 보고 고르는 것이 아니라, 반드시 전체 내용을 처음부터 끝까지 읽어보고 유아에게 도움이 되는지 결정해야 한다. 교사로서 그림책을 선정하는 것은 개인의 주관적 취향을 넘어서는 교육적 안목과 판단이 필요하다. 유아의 흥미와 관심을 고려하되 유익한 내용인지, 여러 번 반복해서 읽어도 다양하게 해석이 가능하며 놀이와 활동으로 확장할 수 있는지의 여부도 고려할 수 있다. 좋은 그림책의 문학적 요소와 예술적 요소는 다음과 같이 제시하였다. 주의할 점은 하나의 그림책에 다음의 요소가 모두 포함될 수는 없으므로 종합적으로 판단해야 한다는 것이다.

좋은 그림책의 문학적 요소
• 이야기의 줄거리가 단순하고 명쾌하며 흥미로운가? • 유아에게 친숙한 소재를 다루고 있어서 유아가 쉽게 공감하고 동일시할 수 있는가? • 유아의 생활과 관련되어 있고 희로애락의 정서가 다양하게 담겨 있는가? • 이야기의 구성이 생동감 있고 안정되어 있는가? • 단순하고 재미있는 대화체의 문장을 사용하였는가? • 쉽고 반복적이며 리듬 있는 언어인가? • 언어의 재미와 아름다움을 경험할 수 있는 글과 말로 구성되어 있는가?
좋은 그림책의 예술적 요소
• 그림과 글이 조화롭게 제시되어 있는가? • 그림이 전달하는 분위기가 이야기를 보완하도록 제시되어 있는가? • 그림의 세부 묘사가 글과 어우러지는가? • 유아가 그림책 속 그림을 감상하면서 이야기의 맥락과 줄거리를 알 수 있는가? • 그림에서 심미감을 느낄 수 있는가? • 그림책이 예술적으로 완성도가 높은가? • 유아가 그림을 여러 번 보아도 볼 때마다 새로운 것을 느끼고 알게 되는가? • 그림의 스타일과 예술성이 유아의 수준에 맞는가?

교사는 그림책을 선정할 때 다음 평가 내용을 고려하여 고를 수 있다. 글 요소와 그림 요소를 평가하고 유아의 연령, 흥미와 관심, 사전 경험, 진행되는 주제 및 놀이, 교육적 목적 등 복합적으로 고려하여 그림책을 선정한다.

평가영역	평가 내용		평가		
			그렇다	보통이다	그렇지 않다
글 요소	글의 구조	글의 흐름이 잘 연결되어 이해하기 쉬운가?			
		유아가 이해할 수 있는 관점으로 글이 전개되는가?			
		글의 내용을 파악하는데 적절한 수의 등장인물이 제시되고 있는가?			
	글의 주제	글의 주제를 쉽고, 명확하게 파악할 수 있는가? (그림책 초반/중반/후반부)			
	어휘 및 표현	대상 유아가 이해하기 쉬운 적절한 수준의 어휘가 주로 사용되는가?			
		대상 유아가 이해하기 쉬운 직접적, 구체적인 표현이 주로 사용되는가?			
	소재	글의 소재가 대상 유아에게 익숙한가?			
그림 요소	글과 그림의 관계	글과 그림의 관계가 유기적인가?			
	표현의 창의성	그림의 재료나 표현기법이 독특하고 창의적인가?			

*출처: 서울특별시교육청유아교육진흥원(2023). 문해력 향상을 위한 유아언어교육 프로그램: 교수학습자료.

더 알아보기

'그림책 박물관'을 소개합니다.

그림책 박물관 웹사이트에서 좋은 그림책을 찾아볼 수 있습니다. 연령별, 주제별, 작가별 등 다양한 범주로 그림책을 소개하고 있으며, 특히 칼데콧 상, 볼로냐라가찌상 등 그림책 수상작 모음 코너에서 유아를 위한 예술적 그림책을 탐색할 수 있습니다. 추천 그림책 코너에서는 추천 100권, 겨울 그림책전 등 주제별로 다양한 그림책 목록을 제공하고 있습니다.

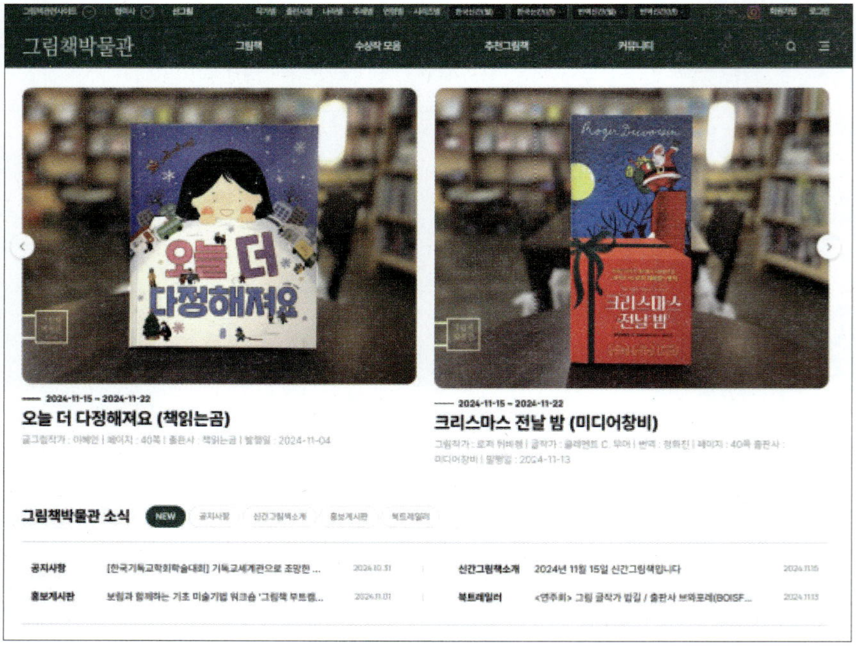

출처: https://www.picturebook-museum.com/

활동해 봅시다

그림책 박물관 웹사이트에 방문하여 그림책을 한 권 선정해 보세요.
다음 평가 기준에 따라 평가해보고 조별로 토론해 보세요.
또한 평가 요소에 없지만 내가 개인적으로 좋은 그림책이라고 생각한 요소가 있다면 동료와 함께 공유해 보세요.

평가영역	평가 내용		평가		
			그렇다	보통이다	그렇지 않다
글요소	글의 구조	글의 흐름이 잘 연결되어 이해하기 쉬운가?			
		유아가 이해할 수 있는 관점으로 글이 전개되는가?			
		글의 내용을 파악하는데 적절한 수의 등장인물이 제시되고 있는가?			
	글의 주제	글의 주제를 쉽고, 명확하게 파악할 수 있는가? (그림책 초반/중반/후반부)			
	어휘 및 표현	대상 유아가 이해하기 쉬운 적절한 수준의 어휘가 주로 사용되는가?			
		대상 유아가 이해하기 쉬운 직접적, 구체적인 표현이 주로 사용되는가?			
	소재	글의 소재가 대상 유아에게 익숙한가?			
그림 요소	글과 그림의 관계	글과 그림의 관계가 유기적인가?			
	표현의 창의성	그림의 재료나 표현기법이 독특하고 창의적인가?			
총평					

Chapter 05

유아문학교육의 접근법

✽ 학습 주제

유아문학교육의 접근법, 독자반응이론과 상호교류이론, 반응중심 문학교육 접근법

✽ 학습 목표

문학교육에 대한 관점이 독자반응이론으로 변화된 과정을 이해한다.
상호교류이론의 의미에 대해 안다.
반응중심 문학교육 접근법에 대해 이해하고 유아에게 적용할 수 있다.

✽ 들어가는 말

누구나 기억에 남는 문학 작품이나 이야기가 있습니다. 문학 속 시간적, 공간적 배경 속에 공감하고 등장인물이 겪는 사건에 자신을 대입해 보며 해결책을 찾기도 합니다. 독자는 문학 작품과 교류하면서 나름대로의 관점을 가지고 해석합니다. 유아 또한 그림책과 이야기를 감상하면서 각자 의미를 부여하게 되고 문학을 통해 성장해 나갑니다. 본 장에서는 교사로서 유아문학교육의 접근법에 대해 이해하기 위하여 학습자 중심 접근법인 독자반응이론 및 상호교류이론에 대해 학습하고, 유아교육 현장에서 반응중심 문학교육 접근법을 활용한 사례를 살펴보겠습니다.

유아문학교육을 위한 접근법은 텍스트 중심의 접근법에서 학습자 중심 접근법으로 변화하였다. 독자는 작품과의 교류를 통하여 적극적으로 감상하는 존재라는 측면의 독자반응이론 및 상호교류이론은 유아교육현장에서 반응중심 문학교육 접근법으로 적용된다. 본 장에서는 유아문학교육의 접근법과 현장 적용 방법 및 사례에 대해 살펴보고자 한다.

1 독자반응이론과 문학교육

문학교육에서 텍스트 중심의 신비평이론에서 학습자 중심의 독자반응이론으로 관점이 변화하였다. 신비평이론은 문학 작품 내부 구조와 언어를 객관적으로 분석하는 데 중점을 두며, 독자의 해석이나 사회적 맥락을 배제하는 경향이 있다. 반면 독자반응이론은 독자의 경험, 가치관, 맥락에 따라 작품의 해석이 다양해질 수 있음을 강조하며, 독자와 텍스트 간의 상호작용을 통해 의미가 형성된다고 본다. 신비평이론에 대해 살펴보고, 최근 문학교육의 관점인 독자반응이론과 상호교류이론에 대해 자세히 알아보고자 한다.

1) 신비평이론과 문학교육에 대한 관점의 변화

문학교육에 대한 접근법은 크게 텍스트 중심의 문학교육과 학습자 중심의 문학교육으로 대별된다. 20세기 중반 미국에서 발전한 신비평이론(New criticism)은 텍스트 중심 비평 이론의 한 형태로 문학 작품 자체에 집중하여 작품 내부의 언어, 구조, 상징 등을 분석하고, 작품이 전달하는 의미를 작품 자체에서 찾으려는 접근 방식을 강조한다. 신비평이론은 작품이 독립적이며 자체적인 구조와 의미를 가진다고 주장한다. 작품은 내부에서 의미를 찾아야 하며, 작품 자체에서 나타나는 언어와 기호체계에 주목해야 한다는 입장이다. 독자의 경험이나 주관적인 해석을 배제하고 작품 내부에서 제시되는 텍스트에 집중하여 객관적인 분석을 중시한다.

〈표 5-1〉 문학교육에 있어서 신비평이론의 공과(功過)

공(功)	과(過)
• 문학을 가르칠 수 있는가? 라는 질문에 대해 신비평이론으로 인해 문학을 수업을 통해 가르칠 수 있는 대상으로 봄 • 많은 학생들을 대상으로 문학교육을 단시간 내에 적용하는 데 사용됨 • 작품을 비평하기 위한 기초 어휘를 정립하고 작품을 과학적으로 분석할 수 있게 됨	• 문학적 해석은 고정되어 있는 것이 아니라 시대, 사회적 상황, 독자의 배경 지식 등에 따라 주관적으로 달라질 수 있음 • 문학교육을 분석 위주, 지식 위주, 교사 위주의 주입식 교육과 연결되는 폐해가 있음 • 학습자의 주체적인 작품 탐구를 가로막아 학습자 중심의 문학교육 저해함

출처: 임성규(2007). 신비평과 초등학교 문학 교육의 연관에 대한 재검토-시 교육을 중심으로- 국어교육연구, 40, 213-234.

그러나 문학작품은 독자가 누구인지, 언제 어디에서 그 작품을 접하게 되었는지 등에 따라 같은 독자라도 해석과 감상이 달라질 수 있다. 예를 들어 고려가요 '청산별곡'에서 '청산(靑山)'은 이상향으로 나아가고자 하는 화자의 소망일 수도 있지만, 반대로 청산에 살지 못하게 된 후회의 감정일 수도 있다. 신비평이론이 작품은 다양하게 해석될 수 있다는 다의성을 간과하였고 사회적 맥락이나 독자의 해석 등을 배제했다는 측면에서 비판을 받았고, 이에 따라 학습자 중심의 문학교육인 독자반응이론으로 관점이 변화하였다.

2) 독자반응이론과 상호교류이론

(1) 독자반응이론의 개념 및 정의

독자반응이론은 주어진 본문(text)만을 중시하는 신비평이론의 문제점을 보완하기 위해 등장하였다. 독자가 처한 상황, 가치관, 맥락, 성향 등에 따라 작품에 대한 관점과 해석이 달라질 수 있다는 이론이다. '모리스 샌닥' 작가의 『괴물들이 사는 나라』를 독자반응이론 측면에서 분석한다고 가정해 보자. A라는 독자는 이 작품을 맥스가 자아를 성찰하고 감정을 조절하며 성장해 나가는 이야기로 생각할 수 있다. 반면 B 독자는 맥스가 엄마에게 혼이 나 회피를 하고 괴물들이 사는 나라로 떠나게 된다고 해석할 수 있다. 독자반응이론은 신비평이론과는 달리 작품을 해석하는 데에는 정답이 없고 각자의 해석에 따라 의미가 달라질 수 있음을 존중한다.

괴물들이 사는 나라 / 모리스 샌닥 글 · 그림 / 강무홍 역 / 시공주니어, 1994

늑대옷을 입은 소년 맥스는 집안에서 말썽을 부려 엄마에게 혼이 나고 벌로 저녁밥도 없이 방 안에 갇히게 된다.
맥스의 방은 정글로 변하고, 바다로 모험을 떠나 괴물들이 사는 나라에 당도한다.
괴물들의 왕이 되어 살다가 다시 집으로 돌아왔고 따뜻한 저녁식사가 기다리고 있었다.

(2) 상호교류 이론의 개념 및 정의

문학작품을 이해하고 평가하는 데 있어 독자의 반응을 중요하게 생각해야 한다는 독자반응이론은 독일의 비평가이자 문학 이론가인 잉가르덴(Ingarden)의 현상학적 예술이론으로부터 시작하여, 야우스(Jauss)와 이저(Iser)에 의해 체계화되었다(김현희, 박상희, 2020). 야우스는 독자와 작품 간에 상호작용에서 비롯된 의미의 형성에 중점을 두었고, 이저는 문학 속에서 독자의 활동적인 참여와 작품 속의 공백(gap) 개념을 제시하며 독자의 주체성을 강조하며 문학작품의 해석과 연구에 있어 독자를 중심으로 두었다. 이후 여러 학자들에 의해 발전하고 확장되었는데, 그중 독자반응이론을 문학교육에 적용한 대표적인 미국의 학자로 로젠블렛(Rosenblatt, 1977)을 들 수 있다.

로젠블렛은 독자반응이론의 관점을 확장하여 상호교류 이론(transactional theory)을 펼쳤다. 문학을 해석하는 과정에서 독자와 작품 간의 역동적인 상호작용이 이루어지며, 이 과정에서 의미가 형성된다. 예를 들어 생텍쥐페리의 문학작품 '어린왕자'를 어린 시절 읽었을 때의 감상과 성인이 되어 읽었을 때의 감상이 다른 것처럼, 각각의 독자는 자신만의 경험과 지식을 토대로 작품을 해석한다는 것이 상호교류 이론의 관점이다.

어린 왕자 / 생택쥐페리 글·그림 / 이효숙 역 / 보물창고, 2006

상호교류이론에서는 본문(text)은 작가가 언어적 기호들의 집합으로 창작한 상태이며 독자와 교류하기 전까지는 지면 위의 상징으로 남아 있다. 독자가 본문을 접하고 상호교류하는 동안 만들어진 것을 비로소 작품(work)이라고 할 수 있다. 로젠블렛은 독자와 본문(text)이 작품(work)이 되는 과정을 다음과 같이 설명하였다.

> 문학 작품(work)은 독자와 텍스트 사이에 놓은 생생한 회로(live circuit) 속에 존재한다. 독자는 언어 상징 패턴(즉, 텍스트)에 자신의 지적, 정서적 의미를 불어넣고, 언어 상징은 그 속에 담긴 사고와 감정을 독자에게 보낸다(Rosenblatt, 1995, 이희정, 1999에서 재인용).

본문(text)은 독자와의 교류를 통해 작품(work)으로 거듭난다. '겨울이 깊어졌어요. 곰은 겨울잠을 자러 갔어요.'라는 텍스트는 독자와의 교류 이전에는 그저 본문으로 존재하지만, 독자는 본문과 교류하면서 '나도 겨울이 되면 아침에 일어나기가 힘든데….'라는 생각을 떠올리게 되고 등장인물에 자신을 투영하게 된다.

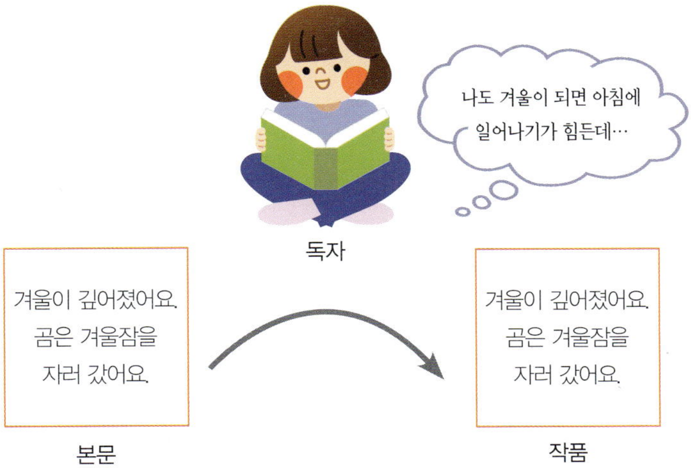

본문(text)을 읽으면서 독자는 연상, 기억, 경험 등을 토대로 능동적으로 의미를 창조해 나간다. 그 과정에서 환기(evocation)를 경험하게 되는데, 이는 독자가 자신의 삶의 경험에서 생각, 이미지나 아이디어 등을 떠올리며 작품으로 종합하는 과정을 이른다. 본문과의 교류 과정에서 환기된 것들에 대해 생성되는 것이 반응(response)이다. 문학작품은 고정된 의미를 담고 있는 저장고가 아니라 교류 과정에서 만들어지는 것(lived-through process)이다.

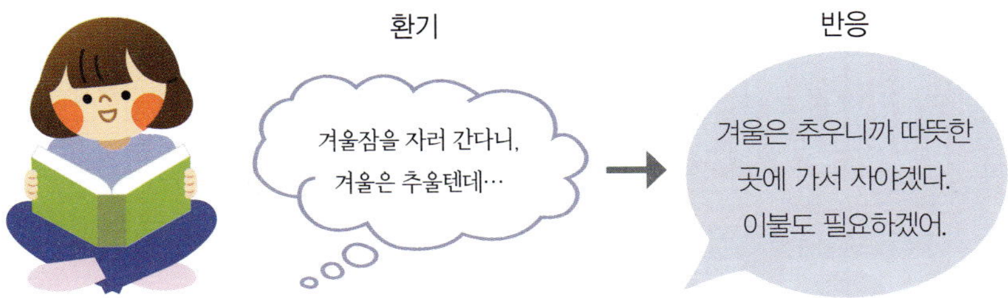

하나의 본문(text)이라도 독자가 누구인지에 따라 교류하는 과정에서 다른 의미를 창출해 낼 수 있으며, 한 독자가 같은 본문을 읽더라도 언제, 어디에서, 어떤 맥락에서 받아들이는지에 따라 의미가 달라질 수 있다. 나아가 독자들끼리 본문에 대한 반응을 교환하면서 자신과 타인의 생각이 공통점과 차이점이 있다는 것

을 경험하게 되고, 새로운 의미를 구성하게 된다. 이러한 독자들 간의 교류는 반응 중심 문학교육 접근법에 기반한 토의하기로 확장될 수 있다. 토의하기에 대해서는 다음 반응 중심 문학교육의 접근법(p.125)에서 다루고 있다.

로젠블렛의 상호교류이론에 따르면 독자가 책을 읽을 때 관점과 목적에 따라 독자의 반응 양상이 달라지는데, 심미적 관점(aesthetic stance)과 정보 추출적 관점(efferent stance)으로 구분된다고 하였다. 심미적 관점은 말 그대로 책을 읽으면서 즐거움을 추구하는 것으로 독자는 책을 읽으며 이야기 자체에 몰입할 수 있으며 자유로운 상상과 감정이입을 자연스럽게 할 수 있다. 책 읽는 자체가 목적이 되어 독자는 책 속 내용에서 불러일으키는 개인적 느낌, 아이디어, 태도의 변화 등 광범위한 경험을 하게 된다. 정보 추출적 관점은 책을 읽는 것이 다른 것을 위해 수단이 되는 것으로 독자는 정보를 얻고, 책 속 문제의 논리적 해석과 등장인물의 행동 수행 등에 관심을 가진다. 이야기를 정확하게 읽고자 하고, 줄거리를 요약하는 데 초점을 맞추는 등 주로 책 본문에 관심을 가지는 관점이다. 어느 한 가지 관점이 옳다고 말할 수 없으며 독자는 책을 읽으면서 두 가지 관점을 오가는 경험을 하게 된다. 예를 들어 『괴물들이 사는 나라』(모리스 샌닥)를 읽으며 정보 추출적 관점에서 맥스가 왜 엄마에게 혼이 났는지 이유를 찾아볼 수 있고, 심미적 관점에서는 독자 또한 마치 맥스와 함께 항해하며 모험을 떠나는 느낌을 받을 수도 있다.

2 반응 중심 문학교육의 접근법

반응 중심 문학교육 접근법은 유아의 문학 감상과 이해를 높이는 데 도움을 준다. 독자반응이론과 상호교류이론을 바탕으로 유아들은 문학작품과의 상호작용을 통해 자신의 경험과 감정을 반영하여 의미를 재구성한다. 반응 중심 문학 활동의 구체적 유형과 절차에 대해 알아보고, 이를 유아교육현장에서 어떻게 적용할 수 있는지 소개하고자 한다. 유아들이 문학작품을 감상하고 다양한 활동을 통해 자신의 반응을 표현하며 확장된 의미를 만들어가는 과정과 교사가 문학교육을 실시하는 방법과 사례를 제시하였다.

1) 반응 중심 문학 활동의 유형

앞 절에서 살펴본 독자반응이론과 상호교류이론을 토대로 유아교육현장에서는 반응 중심 문학교육 접근법을 활용하여 유아의 문학적 감상 및 이해능력을 높일 수 있다. 유아문학교육 측면에서 교사가 문학 중심 교육과정을 운영할 때 학습자의 흥미와 관심뿐 아니라 교육적인 의도와 성과가 균형을 이루는 것이 필요하다. 교사가 『집을 팝니다』 동화를 들려주고 난 뒤, 유아는 놀이 시간에 쌓기놀이영역에서 블록으로 집을 만들고 또래와 역할을 나누어 자연스럽게 극놀이를 하면서 대집단활동에서의 경험을 회상하고 반복한다. 각 동물들의 집에 간판을 붙이고 꾸미는 활동을 하며 언어적, 미술활동을 확장해 나간다. 이처럼 문학작품과 관련된 반응활동은 크게 언어적 활동, 미술 활동, 극화 활동으로 분류된다(김현희, 박상희, 2020). 각 범주별 활동의 종류와 사례는 다음과 같다.

(1) 언어적 활동

① 이야기 다시 해 보기(retelling)

② 함께 읽기(choral reading)

③ 토의하기(book discussions)

④ 이야기 지도(story map) 만들어 보기

⑤ 스토리보드

⑥ 게임 활동

⑦ 이야기 짓기

- 이야기 다시 써 보기
- 글자 없는 책에 이야기 만들어 보기
- 등장인물에게 편지쓰기
- 작가, 그림 작가에게 편지쓰기
- 등장인물이나 이야기의 제목 짓기
- 주인공이나 등장인물에 대한 생각 모으기
- 동시 짓기
- 동극 대본 써 보기
- 이야기에 대한 느낌 적어 보기

⑧ 다양한 차트 활동

(2) 미술 활동

① 그림 그리기

- 제일 재미있었던 장면 그려 보기
- 그림책의 삽화 그리기

② 조형활동

- 동극 소품 만들기
- 인형 만들기
- 등장인물 만들어 보기
- 디오라마 만들기

(3) 극화 활동

① 무언극

② 좋아하는 인형 제작하여 인형극 해 보기

③ 동극 해 보기

2) 반응 중심 문학 활동의 적용

(1) 언어적 활동 사례

유아교육현장에서의 반응 중심 문학 활동 사례를 다음과 같이 소개하고자 한다. 『장수탕 선녀님』(백희나) 동화를 들은 유아들은 놀이 시간에 동화 속에 나온 '요구룽(요구르트)'을 만들어 극화놀이를 하고, 음률영역에 '요구룽 노래방'을 만들어 노래를 부르는 놀이를 진행하며 언어적 활동 중 이야기 다시 해 보기를 경험하였다.

장수탕 선녀님 / 백희나 글·그림 / 스토리보울, 2024

<table>
<tr><th colspan="2">[현장사례] 이야기 다시 해 보기</th></tr>
<tr><td>
놀이 시간에 동화 속에 나온 요구룽을 만들어 극화놀이를 하는 유아들</td><td>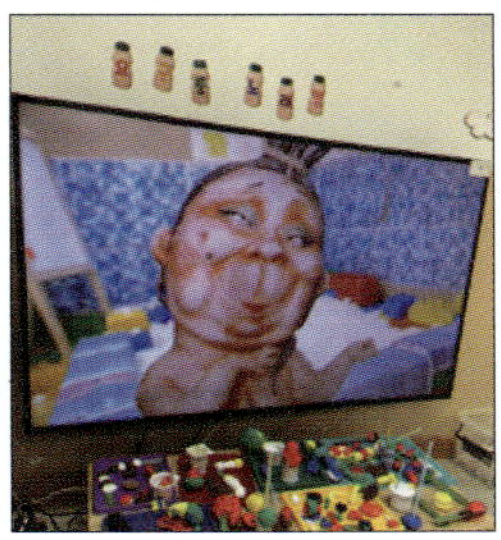
유아들이 장수탕 선녀님께 드리고 싶은 간식을 만들어 환경 구성을 하고 요구룽 노래방을 만들어 노래를 부르며 놀이함</td></tr>
</table>

우리 반 만의 그림책을 만들자는 의견이 있어 친구들 사진을 활용하여 동화를 제작하였다. 그 과정에서 이야기를 짓고 이야기를 다시 써 보는 언어적 활동을 경험하였다. 극화활동을 즐겨하던 유아들은 직접 등장인물이 되어 동극을 해보자는 의견에 따라 동극 배경을 꾸미는 미술활동을 하고, 동극을 해 보았다.

[현장사례] 이야기 짓기 – 이야기 다시 써 보기: 우리 반 친구들 사진 활용하여 동화 만들기

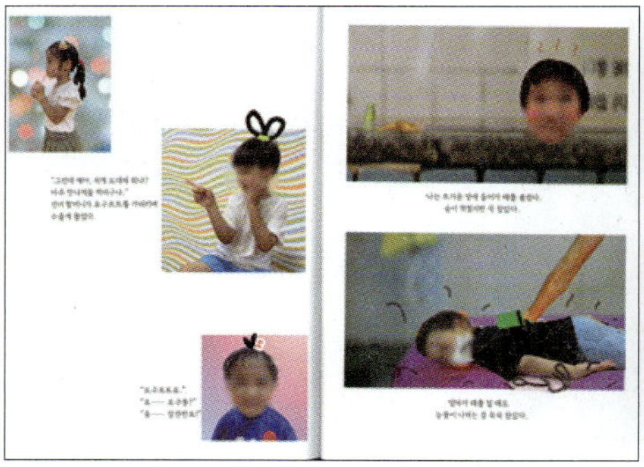

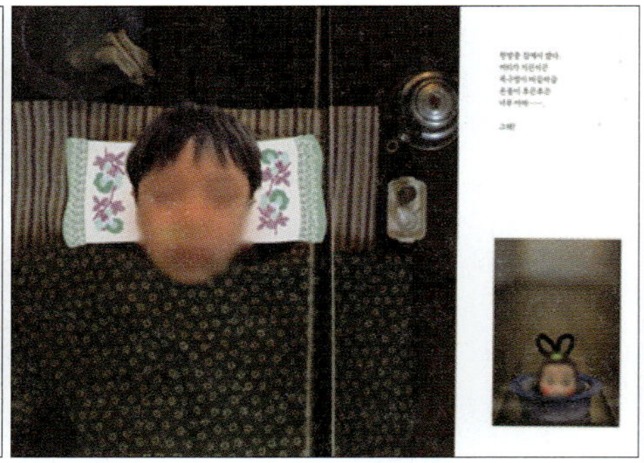

(2) 미술 활동, 극화 활동 사례

유아들은 『장수탕 선녀님』 동화를 듣고 극화활동으로 동극을 하였다. 그 과정에서 대본을 각색하고 동극을 위한 무대와 배경을 꾸미는 등 언어적 활동, 미술 활동, 극화 활동을 복합적으로 경험할 수 있었다.

[현장사례] 이야기 짓기 - 이야기 다시 써 보기: 극화활동

3) 반응 중심 문학 활동의 단계와 절차

반응 중심 문학 활동이 독자가 문학 작품을 접할 때 자신의 경험을 통한 생각, 느낌, 감정 등의 반응을 통해 작품의 의미를 재구성하고 재창조하기 위한 목적을 갖는다는 측면에서 다른 사람들과 이해와 감상에 대해 공유하고 상호작용을 하면서 생각을 확장해 나가고 새로운 의미를 구성해 나갈 수 있다. 이를 통해 유아는 문학 작품을 보다 풍부하게 감상할 수 있게 된다.

반응 중심 문학 활동은 반응형성을 위한 준비, 반응의 형성, 반응의 명료화, 반응의 심화 및 확장의 단계로 진행할 수 있다(김여경, 2012).

사전 준비 단계에서 교사는 유아의 반응을 활성화하기 위해 활동의 목표를 설정하고 소리 내어 읽어보면서 그림책의 내용에 대해 이해한다. 그림책에 몰입하고 흥미를 유발할 수 있는 방안을 모색하고, 유아의 반응을 활성화하기 위한 상호적 질문 전략을 찾는다.

다음으로 반응형성을 위한 준비 단계에서는 그림책에 몰입하는 단계로, 유아의 문학적 경험을 위한 맥락조성을 위해 그림책의 주제 및 내용과 유아의 경험, 생각, 느낌, 흥미와 연관 짓고 예측해 본다.

반응의 형성 단계는 문학적으로 체험하는 단계로 유아가 작품을 대하면서 갖는 처음 생각, 호기심, 감정 등을 끌어내도록 지원하고, 등장인물에 감정이입을 하도록 돕는다.

반응의 명료화 단계에서는 자신의 느낌을 인식하고 다양한 표현을 하는 단계이다. 유아의 상상력을 확대하고 그림책에 대한 자신의 생각, 느낌을 언어적, 행동적, 정서적으로 표현한다. 그림책의 재미있는 곳이나 인상적인 부분을 찾아 표현하고, 상상 및 가정하기, 추론하기 등을 할 수 있다.

마지막으로 반응의 심화 및 확장 단계에서는 반응을 공유하고 내면화할 수 있다. 교사와 또래와의 상호작용을 통해 유아 자신이 궁금하고 이해가 필요한 부분에 대해 질문하고, 감상에 대한 느낌을 다른 확장 활동으로 전이하여 반응으로 심화하고 내면화한다.

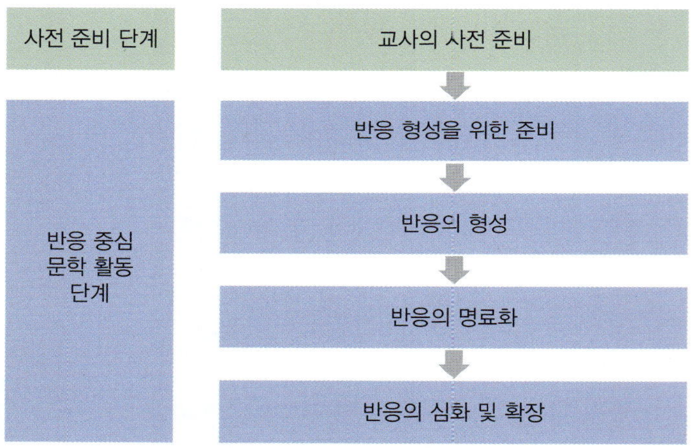

[그림 5-1] 반응 중심 문학 활동 단계

내 토끼 어딨어? / 모 윌렘스 글·그림 /
정회성 역 / 살림어린이, 2008

모 윌렘스 작가의 『내 토끼 어딨어?』 그림책을 활용하여 반응 중심 문학 활동을 실시한 사례이다. 단계별로 교사의 역할과 발문에 대해 생각해 보자.

단계	내용
교사의 사전 준비하기	• 유아의 반응을 활성화하기 위한 교사의 준비 - 그림책 내용 이해하기 · 소리 내 읽어보기 · 그림책의 운율적 요소, 내용적 요소에 초점 맞추어 읽어보기 - 유아의 그림책에 몰입하기 및 흥미 유발 방안모색 · 그림책 내용에 따른 교수매체의 적절성 고려 · 그림책 내용에 나오는 주인공의 핵심요소 매체 제작 · 그림책 내용을 파악하여 유아들의 현재 상황과 연결하기 - 유아의 반응 활성화를 위한 상호적 질문전략 모색하기
반응 형성을 위한 준비	• 흥미유발 • 유아의 이전 경험에 대해 이야기 나누기 - 자신이 좋아하는 물건을 잃어버린 적이 있니? - 언제였니? - 어떻게 했니? - 그때 마음이 어땠니? - 자신이 좋아하는 물건을 다른 사람에게 준 적이 있니? - 언제였니? - 왜 주었니? - 그때 마음이 어땠니? • 제목과 표지 그림을 보고 이야기 예측해 보기 - 제목을 보니 어떤 이야기가 펼쳐질 것 같니? - 표지 그림을 보니 어떤 이야기일 것 같니? • 자신의 입장에서 적용해 보기 • 등장인물의 관점에서 생각해 보기 - 트릭시의 마음을 헤아려 보자. • 다음 이야기 예측하기

반응의 형성	• 유아가 그림책을 보고 초기 이해한 것 이야기 나누기 - 이야기를 듣고 어떤 생각이 드니? • 그림책의 등장인물에 대한 감정이입 - 토끼가 사라진 것을 알았을 때 트릭시 마음(기분)이 어땠을까? - 너희는 좋아하는 물건을 잃어버리면 마음(기분)이 어떨 것 같니? - 트릭시가 토끼를 찾았을 때 어떤 마음이 들었을 것 같니? • 언어표현이나 운율에 반응하기 - 그림책에서 재미있는 말은 무엇이니? 왜 그렇게 생각하니? - 그림책에서 반복적으로 나타나는 말이나 운율적 요소에 관심 갖는다. • 참여하기 - 토끼를 잃어버린 트릭시의 기분이 어떻게 하면 좋아질까?
반응의 명료화	• 느낌 표현하기 - 상상력을 확대하고 그림책에 관한 자신의 생각, 느낌을 언어적, 행동적, 정서적으로 표현한다. • 그림책에서 가장 인상적이었던 부분 표현하기 - 이 그림책에서 가장 재미있었던 부분은 어디니? 왜 그렇게 생각하니? • 그림책 내용에 대해 상상하고 가정해 보기 - 트릭시는 토끼를 왜 잃어버린 것일까? - 만약에 너희들이 트릭시라면 토끼를 잃어버렸을 때 어떻게 하겠니? • 이야기 내용에 대해 추론해 보기 - 토끼가 바뀐 것을 몰랐다면 어떻게 되었을까?
반응의 심화 및 확장	• 이야기를 듣고 궁금한 점이 있으면 질문하고 이야기해 보기 - 이야기를 듣고 나니 무엇이 궁금하니? - 더 알고 싶은 것은 무엇이니? - 이야기 속에서 가장 오랫동안 생각하고 싶은 것은 무엇이니? • 이야기내용을 다른 활동으로 확장하기 - 이야기를 다르게 만들어 볼 수 있겠니? • 확장활동에 대해 의견 나누기 - 이야기의 느낌을 다른 어떤 활동으로 표현해 보고 싶니?

출처: 김여경(2012)이 제시한 반응중심 문학활동의 내용을 일부 수정하여 제시함.

생각해 보기

본 장에서는 유아문학의 접근법에 대해 알아보고, 반응 중심 접근법에 의한 문학 활동에 대해 살펴보았습니다. 본 장의 내용을 아래 조별 활동을 통해 정리해 보세요.

※ 그림책을 감상하고 유아들과 함께할 수 있는 반응 중심 접근법에 의한 문학 활동에 대해 작성해 보세요.

알사탕 / 백희나 글 · 그림 / 스토리보울, 2024

반응 중심 문학 활동

언어적 활동	미술 활동	극화 활동

Chapter

06

영유아와 그림책

✻ 학습 주제

영유아 발달과 그림책

✻ 학습 목표

연령별 발달에 적합한 그림책의 특성을 이해한다.

연령별 발달에 적합한 그림책을 선정하여 제공할 수 있다.

연령별 발달에 적합한 그림책 읽기 지원 방법을 알고 적용할 수 있다.

✻ 들어가는 말

영유아가 즐길 수 있는 그림책을 제공하기 위해서는 교사가 영아, 유아 발달 특성을 이해하고 적합한 그림책을 선정할 수 있는 역량이 요구됩니다. 이에 본 장에서는 영유아의 연령별 발달에 적합한 그림책 특성을 알아보고, 그림책 읽기 지원을 위한 방법에 대해 살펴보겠습니다.

영유아가 즐길 수 있는 그림책을 제공하기 위해서는 연령 발달 특성을 이해하고, 이에 적합한 그림책을 선정하여 그림책 읽기를 지원할 필요가 있다. 영유아의 선행 경험이나 그림책에 대한 관심에 따라 적절한 그림책은 달라질 수 있기 때문에, 그림책을 선정할 때 단순히 연령으로만 구분해 적합성을 판단하기보다는 개인차를 고려할 필요가 있다. 그러나 교사는 일반적인 영아, 유아 발달 특성을 이해하고, 적합한 그림책을 선정하여 제공할 수 있어야 한다. 본 장에서는 영아, 유아 발달에 적합한 그림책과 그림책 읽기를 지원하는 방법에 대해 살펴보고자 한다.

1 영아 그림책

영아 그림책은 0~2세까지 영아를 대상으로 한 그림책을 의미한다. 영아들은 그림책을 하나의 놀잇감처럼 탐색하거나 놀이하다가 그림을 살펴보거나 이야기를 듣게 되며 그림책의 세계로 들어가게 된다(이선영, 우민정, 2023). 영아기는 주변 사물에 관심을 갖고 세밀하게 관찰하고, 주로 감각기관과 운동기능을 사용하여 환경을 탐색하는 시기이다. 또한 대근육 운동기술 발달과 동시에 눈과 손의 협응과 소근육의 통제, 언어발달 등이 가장 급속하게 이루어지는 시기이다(이기숙 외, 2023). 영아 발달을 지원하기 위해 놀잇감 형태의 그림책, 다양한 탐색이 가능한 그림책, 언어 자극이 풍부한 그림책, 일상생활에 필요한 자조기술 발달을 도울 수 있는 그림책, 긍정적 자아개념, 정서적 안정감 형성을 돕는 그림책 등을 제공하는 것이 적절하다.

1) 안전하고 자유로운 탐색과 놀이가 가능한 그림책

영아는 주로 감각기관과 운동능력을 이용하여 자신과 세상에 대해 탐색해 나간다. 이 시기 영아에게 그림책은 물고 빨기도 하고, 손으로 쥐거나 두드리고, 들고 다니고, 쌓고 무너뜨리기도 하며 탐색하는 도구이다. 따라서 놀잇감처럼 자유로운 탐색이 가능한 안전하고 세척이 용이한 재질의 그림책이 적합하다.

아주 어린 영아들의 경우 주로 입에 넣고 빨기 때문에 비닐, 천 등 다루기 쉽고 세척이 용이한 재질의 헝겊 책, 비닐 책이 적절하다. 8~9개월경부터 손가락으로 물건을 잡거나 작은 물체를 움켜잡을 수 있게 된다(Sharma & Cockerill, 2014; 이기숙 외 2023 재인용). 이 시기 영아에게는 크기가 작으며, 손가락으로 페이지를 잡고 혼자 넘기며 볼 수 있는 보드 북(board book)이 적절하다. 또한 들고 다니며 보거나, 쌓거나 무너뜨리며 놀이하기 때문에 튼튼한 재질의 모서리가 둥근 그림책을 선택하는 것이 안전하다.

무당벌레는 내 친구 / 애플비북스 편집부 글 / 윤성희 그림 / 애플비북스, 2022

소리 나는 아기 목욕책 / 애플비북스 편집부 글 / 애플비북스, 2022

[그림 6-1] 비닐, 헝겊 그림책 예시

1~2세 영아에게는 오감으로 탐색하고 반복 놀이가 가능한 장난감 책인 토이 북(toy book)도 적절하다. 그림을 만지며 다양한 질감을 느낄 수 있는 촉감 책, 책을 펼치면 그림이 입체적인 모양으로 펼쳐지는 팝업 북(pop-up book), 그림의 일부를 작은 덮개로 가려두고 열어 볼 수 있는 들춰보기 책(lift-the-flap-book), 누르면 소리가 나는 사운드 북도 영아가 좋아하는 책이다. 교사와 부모는 영아들이 자유롭게 탐색하고 놀이하며 책과 친숙해지도록 다양한 형태의 그림책을 제공할 필요가 있다.

동요 팡팡 팝업북 동물 동요 5곡 / 신유진 그림 / 애플비북스, 2023

강아지는 멍멍, 오리는 꽥꽥! / 애플비북스 편집부 글 / 애플비북스, 2022

안녕, 내 친구! / 로드 캠벨 글·그림 / 이상희 역 / 보림, 2018
https://youtu.be/yBRu80-NhVA?list=PL_L4qeFOw-R69DtPgcKTeJKFMctGEV1v1

[그림 6-2] 탐색과 놀이가 가능한 그림책 예시

2) 언어 자극이 풍부한 그림책

영아기는 언어발달이 가장 급속하게 이루어지는 시기이다. 짧고 간단한 문장이 반복되거나, 의성어나 의태어가 많이 사용된 그림책, 운율이 있는 전래동요나 노래가 나오는 그림책을 함께 보면서, 영아의 신호에 민감하게 반응해 주는 것은 영아 언어발달을 도울 수 있다(이기숙 외, 2023). 영아가 친숙하게 경험할 수 있는 주변 사물, 동물, 사람 등의 단어를 명명하는 내용의 그림책도 적절하다. 그림책 속 익숙한 사물을 인지하고 명명해 보는 경험을 통해 영아의 언어, 어휘 발달에 긍정적인 영향을 미친다(김민진, 2024).

냠냠냠 쪽쪽쪽 / 문승연 글·그림 / 길벗어린이, 2008

[그림 6-3] 언어 자극이 풍부한 그림책 예시

이후 그림책 내용을 이해하게 되면 책 속에 있는 그림을 명명하는 수준을 넘어 줄거리에 관심을 가지게 된다. 따라서 영아가 적극적으로 그림책 읽기에 참여할 수 있도록 단순한 플롯의 유머, 운율, 반복 구성된 그림책을 제공하는 것이 좋다. 이를 통해 반복되는 운율에 재미를 느낄 수 있고, 유사한 문장이 반복되며 다음 이야기를 예측할 수 있다. 이러한 경험은 영아에게 그림책과 언어에 흥미를 갖게 하고 반복해 따라 하고 쉽고 기억해 말해 볼 수 있다는 점에서 가치가 있다.

갈색 곰아, 갈색 곰아, 무얼 바라보니? / 빌 마틴 주니어 글 / 에릭 칼 그림 / 김세실 역 / 시공주니어, 2022

무엇이 무엇이 똑같을까? / 이미애 글 / 한병호 그림 / 보림, 2006

[그림 6-4] 반복되는 운율의 재미를 느낄 수 있는 그림책 예시

열두 띠 동물 까꿍 놀이 / 최숙희 글·그림 / 보림, 2003

두드려 보아요 / 안나 클라라 티돌름 글·그림 / 사계절, 2007

사과가 쿵! / 다다 히로시 글·그림 / 정근 역 / 보림, 1996

[그림 6-5] 의성어, 의태어가 많이 나오는 그림책 예시

3) 일상생활에 필요한 자조기술 발달을 도울 수 있는 그림책

영아가 자신의 몸을 인식하고 걷고 뛰는 것이 가능해지면 행동반경이 넓어지고, 새로운 활동 시도를 즐긴다. 독립심을 갖게 되며 손 씻기, 양치하기, 옷 입기 등을 혼자 해보려고 시도하고, 스스로 할 수 있는 일이 많아짐에 따라 성취감을 느끼게 된다. 따라서 영아의 성장을 다루거나, 이 시기에 혼자 할 수 있는 일상생활에 필요한 자조기술 발달을 돕고, 영아가 스스로에 대한 긍정적 인식을 가지도록 돕는 내용과 관련된 그림책을 제공하는 것이 좋다. 『뭐 하고 있니?』(데이비드 워커) 등의 그림책을 보며 생활 속에서 스스로 할 수 있는 일들을 생각하며 나를 소중하게 인식하는 기회를 제공할 수 있다. 특히 『똥이 풍덩』(알로나 프랑켈), 『끙끙 응가 놀이』(기무라 유이치), 『응가하자, 끙끙』(최민호) 등의 그림책은 영아가 자연스럽고 재미있게 배변훈련을 할 수 있도록 돕는다.

혼자 입어요 / 디디에 뒤프레슨 글 / 아르멜 모데레 그림 / 이향 역 / 키다리, 2021

옷을 입자 짠짠 / 정은정 글 / 박해남 그림 / 비룡소, 2009

[그림 6-6] 자조기술 발달을 돕는 그림책 예시

응가하자, 끙끙 / 최민오 글·그림 / 보림, 2001

[그림 6-7] 배변 훈련을 지원하는 그림책 예시

4) 긍정적 자아개념, 정서적 안정감 형성을 돕는 그림책

영아는 기본적인 정서를 가지고 태어나며, 다양한 방법으로 정서를 표현하게 되고, 부모와 애착을 형성하며 기본적인 신뢰감을 형성하기 시작한다. 친숙한 성인과의 그림책 읽기는 이 시기 영아가 정서적 안정감을 느끼고 긍정적 자아개념을 형성할 수 있도록 지원하는 방법 중 하나이다.

사랑해 사랑해 사랑해 / 버나뎃 로제티 슈스탁 글 / 캐롤라인 제인 처치 그림 / 신형건 역 / 보물창고, 2021

엄마랑 뽀뽀 / 김동수 글·그림 / 보림, 2008

아빠한테 찰딱 / 최정선 글 / 한병호 그림 / 보림, 2011

[그림 6-8] 정서적 안정감과 교감을 주는 그림책 예시

2 유아 그림책

유아기는 주변 세계에 대한 호기심이 높아지고, 상상과 모험을 즐기며, 언어와 상징을 사용하여 사고하기 시작한다. 자기중심적 사고, 직관적 사고, 물활론적 사고, 실재론적 사고를 하는 것이 이 시기의 특징이다. 또한 자신이 속한 가족, 친구, 지역사회 등 주변 세계로 관심이 확장되며, 옳고 그름에 대한 도덕적인 기준을 형성한다. 따라서 이러한 발달 특성을 고려하여 다양한 소재를 다룬 그림책을 제공해 주는 것이 적절하다. 그렇지만 유아라도 앞에서 살펴본 영아용 그림책을 읽고 싶어 한다면 제공해 줘도 괜찮다. 여기서는 일반적인 유아 발달을 고려한 그림책의 특성과 내용에 대해 살펴보고자 한다.

1) 다양한 장르와 주제의 그림책

유아들이 다양한 장르(유형) 그림책을 통해 그림책 읽기의 즐거움을 경험하도록 할 필요가 있다. 유아들은 언어가 급격히 발달하며 혼자 또는 성인과 함께 책 읽는 것을 즐기며, 개인적으로 선호하는 그림책이 생기기도 한다. 영아와 다르게 단순히 그림을 명명하는 수준을 넘어 줄거리에 흥미를 갖고 그림책을 읽기 시작한다. 장르별 그림책의 서로 다른 특성은 유아가 다양한 즐거움을 느끼게 할 뿐 아니라 구어발달과 이야기 구조에 대한 이해, 이야기 구성능력 등 언어발달에 긍정적인 영향을 미친다(강재희, 길효정, 장민영, 2022). 따라서 생활 그림책, 환상 그림책, 다문화 그림책, 글자 그림책, 글이 없는 그림책 등 다양한 장르 그림책을 제공할 필요가 있다.

유아기에 가장 많이 보는 그림책은 대부분 글이 있는 그림책이지만, '글이 없는 그림책'을 통해 그림을 보며 자신만의 이야기를 만들 수 있다. 또한 유아들도 입체적인 모양으로 펼쳐지는 팝업북(pop-up book) 읽기를 즐거워한다. 영아용 팝업북은 이야기 구조가 단순하고 그림이 입체적으로 표현되는 형태인 것에 비해 유아용 팝업북은 이야기도 담겨 있어 내용도 관심 있게 감상할 수 있다. 최근에는 전자 그림책을 통해 다양한 매체를 경험하고 그림책 읽기를 지원하기도 한다.

음운 인식을 돕는 그림책

내 마음 ㅅㅅㅎ / 김지영 글·그림 / 사계절, 2021

글이 없는 그림책

노란 우산 / 류재수 글·그림 / 보림, 2007

[그림 6-9] 다양한 장르와 주제의 그림책 예시

3세경에는 자신에게 친숙한 소재를 간결한 기승전결의 구조로 풀어낸 그림책을 제공하는 것이 적절하다. 그림책을 보며 앞으로 벌어질 일을 예측해 보거나, 자신의 경험과 연관 지어 생각해 봄으로써 재미를 느낄 수 있다. 물활론적 사고를 하는 시기이므로 의인화된 이야기를 즐기거나, 자신이 좋아하는 캐릭터가 나오는 그림책을 선호한다.

기분을 말해 봐! / 앤서니 브라운 글·그림 / 홍연미 역 / 웅진주니어, 2011

축구선수 윌리 / 앤서니 브라운 글·그림 / 허은미 역 / 웅진주니어, 2004

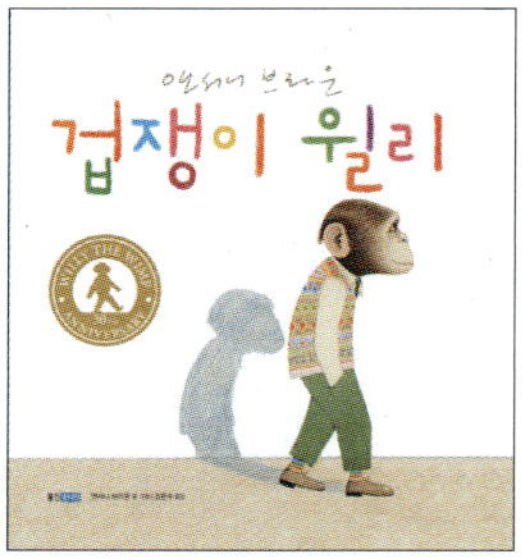

겁쟁이 윌리 / 앤서니 브라운 글·그림 / 조은수 역 / 웅진주니어, 2016

윌리와 악당 벌렁코 / 앤서니 브라운 글·그림 / 허은미 역 / 웅진주니어, 2003

그래도 엄마는 너를 사랑한단다 / 이안 팔코너 글·그림 / 서애경 역 / 베틀북, 2019

[그림 6-10] 좋아하는 캐릭터가 나오는 그림책 예시

4세경부터는 호기심을 가지고 도전하고 탐색할 수 있는 내용, 현재를 벗어나 상상력을 발달할 수 있는 내용을 담고 있는 그림책이 적절하다(김민진, 2024). 유아는 능동적이고 호기심이 많으며 새로운 것에 대한 열린 마음을 가진 존재이다. 일상생활 속 문제 해결을 위해 탐구하고 즐기기 때문에 창의성 발달의 적기이기도 하다. 특히 평소 자신이 가진 낯섦, 두려움을 극복하며 스스로 할 수 있다는 성취감을 느끼고, 용기를 가지고 자신의 세계를 구축하는 원동력을 만들게 된다.

지하철을 타고서 / 고대영 글 / 김영진 그림 / 길벗어린이, 2006

구름빵 / 백희나 글·그림 / 한솔수북, 2019

괴물들이 사는 나라 / 모리스 샌닥 글·그림 / 시공주니어, 1994

[그림 6-11] 도전과 모험을 즐기는 그림책 예시

2) 유머와 놀이를 담고 있는 그림책

유아기는 다양한 유형의 그림책뿐 아니라 다양한 주제의 그림책을 제시해 주는 것이 적절하다. 특히 유아는 유머가 풍부한 그림책을 즐긴다. 유머 감각은 2세경부터 발달하여 3~5세 유아들은 상당한 유머 감각을 가지고 있다. 유머 감각은 유아의 긍정적 자아개념 및 창의적 사고력 향상, 스트레스 해소 등과 밀접한 연관이 있다(임영심, 전순환, 이경하, 2007).

책 속의 이야기 책 밖의 이야기 / 마르아레나 렘브케 글 / 국민서관, 2005

늑대가 들려주는 아기돼지 삼형제 이야기 / 존 셰스카 글 / 레인 스미스 그림 / 보림, 1996

이건 상자가 아니야 / 앙트아네트 포티스 글 · 그림 / 김정희 역/ 베틀북, 2007

이건 상자가 아니야 도시야 / 앙트아네트 포티스 글 · 그림 / 엄혜숙 역 / 베틀북, 2024

[그림 6-12] 유머와 놀이를 담고 있는 그림책 예시

3) 친구의 의미와 우정을 담고 있는 그림책

유아기에는 상황에 따라 자신과 다른 사람의 감정을 이해하고, 공감하는 능력이 발달한다. 이는 친사회적인 행동이나 이타적인 행동으로 나타나기도 한다. 타인의 심리를 이해하기 위해서는 조망수용능력 발달이 중요하다. 따라서 조망수용능력이 발달할 수 있도록 지원할 필요가 있다. 그림책 속 이야기를 통해 친구와의 갈등 상황에서 사용할 수 있는 적절한 상호작용 방법을 배울 수 있고, 친구의 의미와 소중함을 깨닫게 되는 기회가 될 수 있다.

미안하다고 안 할래! / 사만사 버거 글 / 브루스 와틀리 그림 / 사과나무 역 / 크레용하우스, 2009

싸워도 돼요? / 고대영 글 / 김영진 그림 / 길벗어린이, 2013

[그림 6-13] 친구의 의미와 우정을 담고 있는 그림책 예시

4) 유아 주변 세계, 사회적 이슈를 담고 있는 그림책

유아가 되면 주변의 가까운 가족, 친구에서 시작하여 지역사회 자연, 사회적 환경 등으로 관심사가 확장된다. 가족은 유아가 처음 접하게 되는 사회이다. 유아는 가족과의 관계를 통해 점차 사회 구성원으로 성장해 간다. 부모와 자녀 간 사랑을 다룬 그림책, 형제 간 갈등과 경쟁, 질투를 느끼지만 결국 서로를 이해하고, 화해하는 과정을 담고 있는 그림책도 적절하다.

터널 / 앤서니 브라운 글·그림 / 논장, 2018

피터의 의자 / 에즈라 잭 키츠 글 · 그림 / 이진영 역 / 시공주니어, 1996

[그림 6-14] 가족의 이야기를 담고 있는 그림책 예시

한편 어린 유아이지만 TV, 신문, 어른들의 대화 등을 통해 인권, 전쟁, 가족 붕괴, 환경오염, 고령화 등과 같은 사회적 문제를 직간접적으로 접하게 된다. 이를 유아들에게 불안감과 두려움을 주는 문제라고 외면하기보다는 유아 수준에서 생각해 볼 수 있는 그림책을 통해, 이야기 나누는 것이 오히려 유아의 불안을 줄이는 현명한 방법이 될 수 있다(김민진, 2024).

따로 따로 행복하게 / 배빗 콜 글·그림 / 고정아 역 / 보림, 1999

우리 가족입니다 / 이혜란 글·그림 / 보림, 2005

[그림 6-15] 다양한 가족에 대한 그림책 예시

플라스틱 섬 / 이명애 글·그림 / 2020 (2025년 사계절 개정 예정)

야, 우리 기차에서 내려! / 존 버닝햄 글·그림 / 박상희 역 / 비룡소, 1995

[그림 6-16] 환경에 대한 그림책 예시

전쟁

여섯 사람 / 데이비드 맥키 글 · 그림 / 김중철 역 / 비룡소, 1997

인권

헨리의 자유 상자 / 엘린 레빈 글 / 카디르 넬슨 그림 / 김향이 역 / 뜨인돌어린이, 2008

전쟁

비무장 지대에 봄이 오면 / 이억배 글 · 그림 / 사계절, 2010

[그림 6-17] 사회문제를 다룬 그림책 예시

3 그림책 읽어주기, 상호작용

그림책은 영유아가 처음으로 경험하는 책으로, 그림책에 대한 긍정적 태도를 형성하고 그림책 읽기의 즐거움을 느낄 수 있도록 교사가 자주, 정기적으로 읽어줄 필요가 있다. 그림책은 글과 그림 텍스트로 구성되어 글자를 읽지 못하는 영유아도 유능한 독자가 될 수 있지만, 교사나 부모의 그림책 읽어주기는 또 다른 의미에서 중요하다. 영유아는 성인이 들려주는 이야기를 들으며, 그림이나 플롯에 더 집중할 수 있고, 문학적 상상력 풍부하게 할 수 있는 기회가 되며, 읽어주는 사람과 사회 · 정서적인 교감을 나눌 수 있다. 따라서 교사가 영유아에게 그림책을 읽어주는 방법에 대해 알고 있어야 한다.

그림책 읽기는 그림책 속 글 텍스트와 그림 텍스트를 해석하는 과정을 반복하며 이들을 통합하는 과정이다. 그림책은 순서에 따라 읽는 것이 아니라 여러 번 다시 읽고 이전 페이지로 되돌아가서 다시 보고, 속도를 줄이면서 재해석하는 것(Sipe, 2011; 서정숙 외, 2016)임을 유의해야 한다. 따라서 영유아와 그림책 읽기 시 그림책의 텍스트 자체보다는 독자의 경험이나 해석을 통해 의미를 이해할 수 있도록 지원할 필요가 있다. 영유아와 그림책을 읽을 때 교사는 영유아가 유능한 독자임을 인식하고, 적극 참여하도록 기회를 제공하여야 하며, 필요시 여러 가지 읽어주기 전략을 통해 적절하게 안내하고 지원할 필요가 있다.

그림책은 읽는 사람의 발달 수준, 사전 경험, 읽는 상황 등에 따라 이해와 감상이 달라지는 책이다. 교사가 그림책을 어떻게 읽어주는지에 따라 영유아의 반응이 달라지므로, 적절한 읽어주기 방법을 아는 것은 매우 중요하다. 그림책을 읽어줄 때 교사의 역할과 지원은 개별 영유아의 발달과 흥미에 따라 다양하지만, 영아와 유아의 발달 특성을 고려할 필요가 있다. 영아에게 책을 읽어줄 때는 짧고 간단한 문장이 반복되는 그림책 등을 제공하고, 함께 책을 보며, 감각을 활용하여 충분히 탐색하고 조작할 기회를 제공하고, 자신의 생각과 감정을 표현할 수 있도록 기다려주어야 한다. 영아의 흥미와 요구 등을 파악하여 민감하게 반응하고, 영아가 자신의 생각이나 감정을 표현할 수 있도록 충분히 기다려주어야 한다. 언어의 운율과 리듬감을 경험할 수 있도록 읽어주거나, 영아지향적인 언어를 사용하여 쉽게 이해할 수 있도록 하여야 한다. 또한 정서적 안정감을 느낄 수 있도록 따뜻한 상호작용을 제공하고, 긍정적인 관계를 형성할 수 있도록 격려하거나 일상생활과 놀이로도 연결될 수 있도록 지원하여야 한다. 유아에게 책을 읽어줄 때는 개별 유아와 함께 읽기뿐 아니라 집단으로 읽어주기를 할 수 있다.

서정숙 등(2016)은 연령별 그림책 선정 기준과 그림책 읽어주기 방법을 다음 〈표 6-1〉과 같이 제안하고 있다.

〈표 6-1〉 연령별 그림책 선정 기준 및 그림책 읽어주기

	그림책 선정 기준	그림책 읽어주기
0세	- 밝고 대조되는 색, 단순한 모양 그림이 담긴 그림책 - 안전하고 견고하며 세척이 용이한 그림책 - 얼굴 표정이 담긴 그림책 - 친숙한 사물이나 동물 그림의 그림책 - 양육자와 애착에 도움을 주는 그림책	- 그림책을 재미있는 놀잇감으로 인식할 수 있도록 지원하기 - 책의 촉감, 소리 등 물리적 특성을 탐색할 수 있도록 격려하기 - 개별 영아 욕구와 반응을 민감하게 수용하기

	그림책 선정 기준	그림책 읽어주기
1세	- 오감각을 경험할 수 있는 그림책 - 혼자 넘길 수 있는 그림책 - 다양한 신체적 움직임이나 이동을 표현한 그림책 - 반복적 패턴과 운율, 리듬감이 포함된 그림책 - 배변훈련과 관련된 그림책 - 친숙한 일상 경험이 담긴 그림책 - 까꿍놀이를 소재로 한 그림책	- 그림을 가리키며 명명하기를 놀이처럼 즐겁게 하며 읽어주기 - 반복되는 의성어, 의태어를 통해 말의 즐거움 느끼도록 지원하기 - 영아가 자신의 속도로 주의 깊게 충분히 탐색할 수 있도록 배려하기 - 그림 속 인물, 사물, 배경 등을 구분할 수 있도록 읽어주기
2세	- 다양한 어휘, 간결한 문장의 그림책 - 명확하고 단순한 플롯의 그림책 - 자신의 일을 스스로 해내는 내용이 담긴 그림책 - 친숙한 소재의, 감정이입이 가능한 그림책 - 사회적 관계가 포함된 그림책	- 스스로 그림책 선택하도록 기회주기 - 그림책 내용과 그림에 대해 이야기 나누기 - 반복되는 부분에서 따라 해보거나, 다음 이야기 예측해 볼 수 있도록 지원하기 - 자발적인 반응을 보일 경우 격려하기
3세	- 일상의 놀이나 모험이 담긴 그림책 - 또래 간 갈등과 해결이 담긴 그림책 - 예측하고 쉽고 단선적인 구조의 그림책 - 글과 그림의 내용이 일치하는 그림책	- 유아 참여를 적극적으로 유도하고, 유아의 이야기나 반응을 적극 수용하기 - 그림을 충분히 살펴볼 시간 제공하기 - 그림을 단서로 이야기 내용을 구성해 볼 수 있도록 상호작용하기 - 글 없는 그림책의 경우, 유아와 함께 이야기를 붙여가며 읽어보는 경험 제공하기
4세	- 유아 주도성이 담긴 그림책 - 여러 입장을 고려할 수 있는 그림책 - 다양한 정보 그림책 - 글과 그림의 의미를 함께 읽는 그림책	- 그림책 읽기 전 유아 경험과 연관되는 맥락을 제공하여 몰입하도록 지원하기 - 표지를 살펴보며 내용을 상상해 보게 하거나 흥미를 유발하여 책에 주의를 집중하도록 지원하기 - 그림책 표지, 면지, 헌사, 판형, 종이 질, 글씨 크기 등 주변 텍스트에 대해 관심을 갖도록 지원하기 - 글과 그림과 관련한 유아의 다양한 반응을 수용하기 - 다음 장면을 추론하거나, 그림책 속 인물의 마음에 공감할 수 있도록 지원하기 - 글뿐만 아니라 그림에 주의를 기울여 읽어보는 경험을 지원하기

	그림책 선정 기준	그림책 읽어주기
5세	- 다양한 또래관계를 볼 수 있는 그림책 - 위기 상황에 대한 그림책 - 사회적 이슈를 담은 그림책 - 토론, 토의가 가능한 그림책 - 상호텍스트적 관련짓기를 돕는 그림책	- 유아와 그림책뿐 아니라 유아와 유아 간 활발한 상호교류를 통해 서로의 해석에 영향을 받을 수 있도록 지원하기 - 현재 읽는 그림책과 배경, 인물, 플롯 등과 관련 있는 다른 그림책을 제공하여 상호텍스트적 반응을 활발하게 할 기회주기 - 그림책 속 인물의 행동을 이야기 맥락과 연결해 해석해 보도록 안내하기 - 포스트모던 그림책 등을 통해 인지적 혼란과 갈등을 경험하고 해결해 가면서 읽을 수 있도록 지원하기

출처: 서정숙 외(2016). 그림책 읽어주기의 실제. 창지사.

생각해 보기

본 장에서는 영유아 발달에 적합한 그림책의 특성에 대해 살펴보았습니다. 본 장의 내용을 아래 조별 활동을 통해 정리해 보세요.

- 영아 그림책, 유아 그림책 1권씩을 선정해 그룹별로 함께 읽어보고, 그 특성에 대해 분석해 본다.

- 영아, 유아와 그림책 읽어줄 때 상호작용 방법에 대해 생각해 본다.

- 팀별로 분석한 내용을 발표해 본다.

PART 3

유아교육현장에서 문학교육 적용과 실제

Chapter 07

교육과정과 유아문학교육

✻ 학습 주제

교육과정과 유아문학교육

✻ 학습 목표

표준보육과정과 유아문학교육의 관계에 대해 이해한다.

누리과정과 유아문학교육의 관계에 대해 이해한다.

초등교육과정과 유아문학교육의 관계에 대해 이해한다.

✻ 들어가는 말

교사가 문학교육을 계획하고 실행하기 위해서는 교육과정 속에서 문학교육이 어떻게 통합될 수 있는지 이해해야 합니다. 이에 본 장에서는 우리나라 국가수준 교육과정인 표준보육과정, 누리과정, 초등교육과정과 유아문학의 관계에 대해 살펴보겠습니다.

교육과정 속에서 영유아가 문학을 통합적으로 경험할 수 있도록 지원하기 위해서는 국가수준 교육과정을 이해할 필요가 있다. 본 장에서는 유아문학교육 관련 내용을 우리나라 국가수준 교육과정인 표준보육과정, 누리과정, 초등교육과정과 유아문학의 관계에 대해 살펴보고자 한다.

1 표준보육과정(영아 교육과정)과 유아문학교육

2024년 12월 9일 고시된 「표준보육과정(0−2세)」에서는 신체운동 · 건강, 의사소통, 사회관계, 예술경험, 자연탐구 5개 영역으로 구성하고, 각 영역별로 0~1세, 2세의 목표를 통합해 제시하고 있다. 0~2세 의사소통 영역의 목표는 영아가 일상생활에서 의사소통 능력을 기르는 것이다. 영아가 일상생활에서 듣기와 말하기를 즐기고, 읽기와 쓰기에 관심을 가지며, 책과 이야기에 재미를 느끼는 것을 목표로 한다. 문학교육과 직접 관련 있는 내용범주는 '책과 이야기 즐기기'로 0~1세의 경우, 영아가 책에 관심을 가지며, 말놀이와 이야기에 재미를 느끼는 내용이다. 2세는 영아가 책에 관심을 가지고 상상하며, 말놀이와 이야기에 재미를 느끼는 것을 내용으로 한다(교육부, 2024). 0~2세 영아 대상 문학교육 시 영아가 다양한 형태의 책을 탐색하는 경험을 하며 책에 관심을 가지고 책과 자신의 경험을 관련 짓고 상징 행동을 하며 상상해보면서 책 보기를 즐기고, 말놀이와 이야기를 자주 접하게 되면서 재미를 느끼도록 지원하여야 한다. 표준보육과정(0~2세) 해설서에 있는 책과 이야기 즐기기의 내용 이해 및 영아 경험의 실제를 살펴보면 다음과 같다.

0~2세 의사소통 영역

(1) 목표

일상생활에서 의사소통 능력을 기른다.

① 일상생활에서 듣기와 말하기를 즐긴다.

② 읽기와 쓰기에 관련된 관심을 가진다.

③ 책과 이야기에 재미를 느낀다.

(2) 내용

내용범주	내용	
	0~1세	2세
듣기와 말하기	• 표정, 몸짓, 말과 주변의 소리에 주의를 기울인다. • 상대방의 이야기를 들으면서 말소리를 낸다. • 표정, 몸짓, 말소리로 의사를 표현한다.	• 표정, 몸짓, 말에 주의를 기울여 듣는다. • 상대방의 이야기를 듣고 말한다. • 자신의 요구와 느낌을 말한다.
읽기와 쓰기에 관심 가지기	• 주변의 그림과 상징에 관심을 가진다. • 끼적이기에 관심을 가진다.	• 주변의 그림과 상징에 관심을 가진다. • 끼적이며 표현하기를 즐긴다.
책과 이야기 즐기기	• 책에 관심을 가진다. • 말놀이와 이야기에 재미를 느낀다.	• 책에 관심을 가지고 상상한다. • 말놀이와 이야기에 재미를 느낀다.

• 말놀이와 이야기에 재미를 느낀다.

영아의 경험	
 	영아가 인형을 한 아름 안아 책상에 올려 놓고 인형을 가리킨다. 입술을 모아 오아 "고~고" 소리를 내고, 양손에 소 인형을 들고 입술을 모아 "머~ 머~"소리를 반복하여 말소리를 낸다. 동물을 나타내는 말을 하는 말놀이를 즐기고 있다.

영아의 경험

"새우야, 모래 속에 들어가 있어"

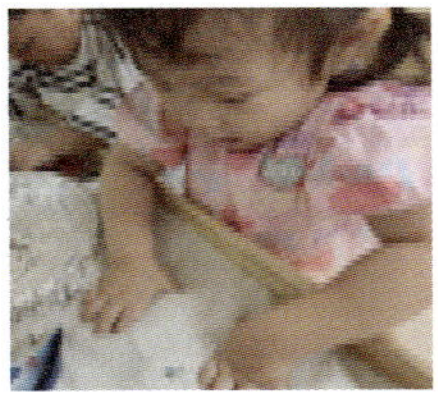

"꼭꼭 숨어야 해~ 상어가 쫓아오고 있어"

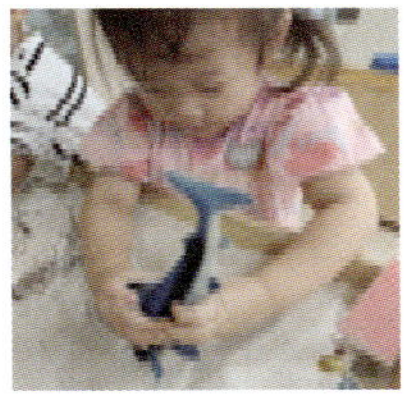

"'냠냠냠 새우를 먹어버릴 거야"

영아가 모래와 동물 인형을 가지고 자신의 경험으로 상상의 이야기를 만들어 연결한다. 영아는 이야기를 지으며, 드는 생각을 이야기로 만들어 맥락이 있는 이야기를 만드는 즐거움을 알아간다.

영아의 배움 지원

- 교사는 짧고 운율이 있는 말소리나 짧은 단어와 소리를 반복하는 말놀이를 자주 활용한다. 예를 들어 "도리도리 까꿍~", "개구리가 개굴개굴"과 같이 반복적인 표현을 사용하거나 소리를 흉내 내어 영아가 말놀이나 이야기에 흥미를 느끼고 적극적으로 참여할 수 있도록 한다.
- 영아가 옹알이나 짧은 음절, 간단한 단어를 흉내 낼 때 교사는 긍정적으로 반응하며 격려한다.

출처: 교육부(2024). 2024 개정 표준보육과정(0-2세) 해설서.

2 2019 개정 누리과정과 유아문학교육

2019년 7월 고시된 「2019 개정 누리과정」은 3~5세 유아를 위한 국가수준 공통 교육과정으로, 교육내용을 신체운동 · 건강, 의사소통, 사회관계, 예술경험, 자연탐구 5개 영역으로 나누어 제시하고 있다. 누리과정 의사소통 영역의 목표는 일상생활에서 필요한 의사소통 능력과 상상력을 기르는 것이다. 3~5세 유아가 일상생활에서 듣기, 말하기를 즐기고, 읽기와 쓰기에 관심을 가지며, 책과 이야기를 통해 상상하기를 즐기는 것을 목표로 한다. 문학교육과 직접 관련 있는 내용범주는 '책과 이야기 즐기기'로 책에 관심을 가지고 상상하기를 즐기고, 동화나 동시에서 말의 재미를 느끼며, 말놀이와 이야기 짓기를 즐기는 내용이다. 3~5세 유아 대상 문학교육 시 유아가 책에 흥미를 가지며 책 보는 것을 즐기고 상상하는 즐거움을 경험하고, 동화와 동시를 자주 들으며 우리말의 재미와 아름다움을 느끼며, 끝말잇기, 수수께끼, 스무고개 등 다양한 말놀이를 즐기는 내용이다. 자신의 경험, 생각, 상상을 기초로 새로운 이야기를 만드는 과정을 즐길 수 있도록 지원하여야 한다(교육부, 보건복지부, 2019). 2019 개정 누리과정 해설서에 있는 책과 이야기 즐기기의 내용 이해 및 유아 경험의 실제를 살펴보면 다음과 같다.

누리과정 의사소통 영역

(1) 목표

일상생활에서 필요한 의사소통 능력과 상상력을 기른다.

① 일상생활에서 듣기 말하기를 즐긴다.
② 읽기와 쓰기에 관심을 가진다.
③ 책과 이야기를 통해 상상하기를 즐긴다.

(2) 내용

내용범주	내용
듣기와 말하기	• 말이나 이야기를 관심 있게 듣는다. • 자신의 경험, 느낌, 생각을 말한다. • 상황에 적절한 단어를 사용하여 말한다. • 상대방이 하는 이야기를 듣고 관련해서 말한다. • 바른 태도로 듣고 말한다. • 고운 말을 사용한다.
읽기와 쓰기에 관심 가지기	• 말과 글의 관계에 관심을 가진다. • 주변의 상징, 글자 등의 읽기에 관심을 가진다. • 자신의 생각을 글자와 비슷한 형태로 표현한다.
책과 이야기 즐기기	• 책에 관심을 가지고 상상하기를 즐긴다. • 동화, 동시에서 말의 재미를 느낀다. • 말놀이와 이야기 짓기를 즐긴다.

• 듣기와 말하기

유아가 다른 사람의 말이나 이야기를 관심 있게 듣고, 자신의 경험, 느낌, 생각을 상황에 적절한 단어를 사용하여 말하고, 고운 말을 사용하는 내용이다.

• 읽기와 쓰기에 관심가지기

유아가 말과 글의 관계에 관심을 가지고, 주변의 상징, 글자 등을 읽으며, 자신의 생각을 글자와 비슷한 형태로 표현해 보는 내용이다.

• 책과 이야기 즐기기

유아가 다양한 책에 관심을 가지고 상상하며, 동화, 동시에서 말의 재미를 느끼고, 말놀이와 이야기 짓기를 즐기는 내용이다.

내용범주 : 책과 이야기 즐기기

(1) 목표

책이나 이야기를 통해 상상하기를 즐긴다.

(2) 내용

- 책에 관심을 가지고 상상하기를 즐긴다.
- 동화, 동시에서 말의 재미를 느낀다.
- 말놀이와 이야기 짓기를 즐긴다

내용 이해	내용
책에 관심을 가지고 상상하기를 즐긴다. 유아가 책에 흥미를 가지며 책 보는 것을 즐기고 상상하는 즐거움을 경험하는 내용이다.	유아가 여러 책을 한꺼번에 쌓아 두고 읽는다. 다른 유아가 와서 "내가 좋아하는 공룡책 여기 있어?"하며 책을 찾는다. 유아가 책장을 넘기며 공룡 이름 맞추기를 하다가 브라키오사우루스가 나오자 "와! 정말 길다. 여기서 여기 끝까지 미끄럼 타면 진짜 재미있겠다.", "그런데 여기까지는 어떻게 올라가지?"하며 낄낄낄 웃는다.
동화, 동시에서 말의 재미를 느낀다. 유아가 동화와 동시를 자주 들으며 우리말의 재미와 아름다움을 느끼는 내용이다.	서은이가 친구들에게 이야기를 한다. 서은: 그 공주님이 사는 성에는 아~주 유명한 사다리가 있어. 그런데 그 사다리는 하늘까지 올라가고, 또 하늘을 넘어가지고~ 하영: 우주도 넘어? 서은: 어. 우주에 우주까지도 넘는대. 유아들: 헤엑~~
말놀이와 이야기 짓기를 즐긴다. 유아가 끝말잇기, 수수께끼, 스무고개 등 다양한 말놀이를 즐기는 내용이다. 자신의 경험, 생각, 상상을 기초로 새로운 이야기를 만드는 과정을 즐기는 내용이다.	3세 반에서 교사가 동시를 읽어 주자 유아들이 서로 "꼬불꼬불?"이라고 말하며 까르르 웃는다. 그리고 유아들은 리본 막대를 휘두르며 "꼬불꼬불"하며 서로 까르르 웃는다.

출처: 교육부, 보건복지부(2019). 2019 개정 누리과정 해설서 p.73-79.

3 초등학교 국어과 교육과정(1~2학년)

초등학교 교육과정은 학생의 일상생활과 학습에 필요한 기본 습관과 기초 능력을 기르고 바른 인성을 함양하는 데 중점을 둔다. 국어과 교육과정에서는 '비판적 · 창의적 사고 역량, 디지털 미디어 역량, 의사소통 역량, 공동체 · 대인관계 역량, 문화 향유 역량, 자기 성찰 · 계발 역량'을 국어과 역량으로 설정하고, '듣기 · 말하기, 읽기, 쓰기, 문법, 문학, 매체'의 여섯 영역으로 설정하고 있다(교육부 고시 제2022-33호).

국어과 목표

· 비판적으로 이해하고 창의적으로 표현하는 사람
· 타인을 존중하고 협력적으로 의사소통하는 사람
· 민주시민으로서 공동체 구성원과의 의사소통에 능동적으로 참여하는 사람
· 자신의 언어를 성찰하고 지속적으로 성장하는 사람
· 문화를 향유하고 창조하는 사람

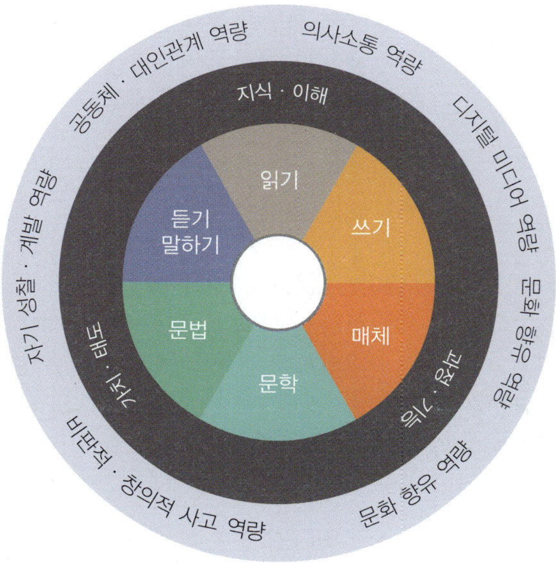

출처: 교육부(2022). 초등학교교육과정 p.98

초등교육과정의 문학 영역은 문학에 대한 지식 · 이해, 과정 · 기능, 가치 · 태도를 함양하기 위한 내용으로 구성되어 있다. 1~2학년의 문학 영역 성취 기준은 말놀이나 낭송 등을 통해 말의 재미와 즐거움을 느끼고, 작품을 듣거나 읽으면서 느끼거나 생각한 것을 말하며, 작품 속 인물의 모습, 행동, 마음을 상상하여 시, 노래, 이야기, 그림 등으로 표현하고, 시나 노래, 이야기에 흥미를 가지는 것이다.

초등학교 국어과 문학

• 핵심 아이디어
- 문학은 인간의 삶을 언어로 형상화한 작품을 통해 즐거움과 깨달음을 얻고 타자와 소통하는 행위이다.
- 문학 작품을 통한 소통은 작품의 갈래, 작가와 독자, 사회와 문화, 문학사의 영향 등을 고려하며 이루어진다.
- 문학 수용 · 생산 능력은 문학의 해석, 감상, 비평, 창작 활동을 통해 향상된다.
- 인간은 문학을 향유하면서 자아를 성찰하고 타자를 이해하며 공동체의 일원으로 성장한다.

• 범주 및 내용 요소

범주		내용 요소			
		초등학교			중학교
		1~2학년	3~4학년	5~6학년	1~3학년
지식 · 이해	갈래	• 시, 노래 • 이야기, 그림책	• 시 • 이야기 • 극	• 시 • 소설 • 극 • 수필	• 서정 • 서사 • 극 • 교술
	맥락		• 독자 맥락	• 작가 맥락 • 독자 맥락	• 작가 맥락 • 독자 맥락

<table>
<tr><th colspan="2" rowspan="3">범주</th><th colspan="4">내용 요소</th></tr>
<tr><th colspan="3">초등학교</th><th>중학교</th></tr>
<tr><th>1~2학년</th><th>3~4학년</th><th>5~6학년</th><th>1~3학년</th></tr>
<tr><td rowspan="4">과정
·
기능</td><td>작품 읽기와 이해</td><td>• 낭송하기, 말놀이 하기
• 말의 재미 느끼기</td><td>• 자신의 경험을 바탕으로 읽기
• 사실과 허구의 차이 이해하기</td><td>• 작가의 의도를 생각하며 읽기
• 갈래의 기본 특성 이해하기</td><td>• 사회 · 문화의 상황을 생각하며 읽기</td></tr>
<tr><td>해석과 감상</td><td>• 작품 속 인물 상상하기
• 작품 읽고 느낀 점 말하기</td><td>• 인물의 성격과 역할 파악하기
• 이야기의 흐름 생각하며 감상하기</td><td>• 인물, 사건, 배경 파악하기
• 비유적 표현에 유의하여 감상하기</td><td>• 근거를 바탕으로 작품 해석하기
• 갈등의 진행과 해결 과정 파악하기
• 보는 이, 말하는 이의 효과 파악하기
• 운율, 비유, 상징의 특성과 효과를 생각하며 감상하기</td></tr>
<tr><td>비평</td><td></td><td>• 마음에 드는
• 작품 소개하기</td><td>• 인상적인 부분을 중심으로 작품에 대해 의견 나누기</td><td>• 다양한 해석 비교 · 평가하기</td></tr>
<tr><td>창작</td><td>• 시, 노래, 이야기, 그림 등 다양한 형식으로 표현하기</td><td>• 감각적 표현 활용하여 표현하기</td><td>• 갈래 특성에 따라 표현하기</td><td>• 개성적 발상과 표현으로 형상화하기</td></tr>
<tr><td colspan="2">가치 · 태도</td><td>• 문학에 대한 흥미</td><td>• 작품 감상의 즐거움</td><td>• 문학을 통한 자아 성찰
• 문학 소통의 즐거움</td><td>• 문학을 통한 타자 이해
• 문학을 통한 공동체 문제에의 참여
• 문학의 가치 내면화</td></tr>
</table>

- 초등학교 1~2학년 성취기준
  - 말놀이, 낭송 등을 통해 말의 재미와 즐거움을 느낀다.
  - 작품을 듣거나 읽으면서 느끼거나 생각한 점을 말한다.
  - 작품 속 인물의 모습, 행동, 마음을 상상하여 시, 노래, 이야기, 그림 등으로 표현한다.
  - 시나 노래, 이야기에 흥미를 가진다.

흥미로운 말놀이와 분위기를 살린 낭송을 통해 언어활동의 재미와 즐거움을 느끼며 언어적 감수성을 기를 수 있도록 지원하여야 한다. 일상에서 쉽게 접할 수 있는 작품은 물론 일상적 대화 등을 통해 언어의 놀이적 성격을 인지하도록 하고, 의성어와 의태어, 규칙적으로 반복되는 소리, 언어유희, 재치 있는 문답, 수수께끼, 끝말잇기 등에서 말놀이의 재미와 가치를 느끼도록 한다. 작품의 느낌과 분위기를 살려 낭송해 보면서 목소리 크기나 말의 속도, 어조 등을 달리함에 따라 다양한 느낌을 전달할 수 있음을 알고 문학을 즐겨 향유한다. 또한 작품에 대해 느끼거나 생각한 점을 다른 이들과 나누는 과정에서 문학에 대해 더욱 흥미를 느끼고, 주체적으로 작품을 수용하는 능력을 기를 수 있도록 지원하여야 한다. 발달과 정서적 측면을 고려하여 시, 노래, 이야기 등 다양한 갈래의 작품을 제시하고, 작품을 대상으로 자신의 생각이나 느낌을 표현할 수 있도록 한다. 이 과정에서 작품에 대한 다른 친구들의 말을 경청하게 하고, 사람마다 작품을 다르게 받아들일 수 있다는 점을 이해하게 한다.

생각해 보기

본 장에서는 교육과정과 유아문학교육에 대해 살펴보았습니다. 본 장의 내용을 아래 조별 활동을 통해 정리해 보세요.

- 영아와 유아의 의사소통 영역(책과 이야기 즐기기) 내용의 공통점과 차이점을 분석해 본다.

- 유아 의사소통 영역(책과 이야기 즐기기)과 초등1~1학년을 위한 국어과(문학) 내용의 공통점과 차이점을 분석해 본다.

- 팀별로 분석한 내용을 발표해 본다.

Chapter 08

유아문학교육에서의 매체

✻ 학습 주제

유아문학교육에서 매체의 역할, 유아문학교육에서의 매체의 활용

✻ 학습 목표

유아문학교육에서 다양한 매체의 필요성을 이해한다.

유아문학교육에 활용되는 매체의 특성과 교육적 효과를 파악한다.

매체를 활용한 유아문학교육에서 교사의 역할과 지도 방법을 탐구한다.

✻ 들어가는 말

유아들이 문학을 보다 흥미롭게 경험하도록 돕기 위해 다양한 매체가 사용되며, 이러한 매체는 유아의 문학적 흥미를 높이고 몰입감을 더해줍니다. 이번 학습에서는 유아문학교육에서 매체의 필요성과 활용 방안을 살펴보고, 교사가 매체를 활용하여 문학적 경험을 풍부하게 제공하는 방법에 대해 탐구해 보겠습니다.

유아에게 문학작품을 소개하고 전달하는 도구로서 다양한 매체를 활용하는 것은 매우 중요하다. 매체는 이미지, 언어, 소리 등을 통해 유아에게 풍부한 경험을 제공하며, 문학에 대한 흥미를 확장시키고 유아문학을 즐길 수 있도록 돕는 역할을 한다. 그림동화, 융판동화, 자석동화, 테이블동화, 손인형동화, 디지털 미디어 동화 등 다양한 유형의 매체를 살펴보고, 교사가 각 매체의 특성을 이해하여 유아들에게 효과적으로 문학을 전달하고 교육적으로 활용할 수 있는 방법을 모색해 보고자 한다.

1 매체의 필요성

유아에게 전달되는 대표적인 문학작품은 그림책이다. 그림책은 판형, 표지, 면지, 본문의 글과 그림이 조화를 이루며 유아가 문학을 시각적, 언어적으로 경험할 수 있는 매체적 특성을 가진다. 유아는 그림책을 통해 이야기를 상상하고 문학적 세계에 몰입하며, 책장을 넘기고 대화를 나누는 과정에서 교사와 의미 있는 상호작용을 할 수 있다.

그러나 대집단으로 유아들과 그림책을 활용할 경우, 그림책의 작은 크기, 입체적 움직임의 제한, 이야기 변형의 어려움 등으로 인해 유아가 문학의 경험을 충분히 누리기 어려운 한계를 가진다. 예를 들어 책의 크기가 작아 유아들이 그림을 잘 보지 못하거나 그림이 고정되어 동적인 전달이 어려울 경우 유아의 관심과 몰입을 방해할 수 있다.

이러한 한계를 보완하기 위해 유아문학교육에서는 다양한 매체를 활용한다. 매체는 유아가 문학에 대해 흥미를 느끼고, 더욱 풍부한 경험을 할 수 있도록 돕는 중요한 도구이다. 주요 매체로는 그림동화, 융판동화, 자석동화, 테이블동화, 손인형동화 등이 있으며, 최근에는 디지털 미디어 동화로 그 범위가 확장되고 있다. 각 매체는 고유한 특성과 강점을 가지므로, 교사는 매체의 특성을 잘 이해하고 문학작품의 내용을 가장 효과적으로 전달할 수 있는 매체를 선택해야 한다.

적절한 매체 활용은 유아가 문학적 내용을 시각적, 청각적, 촉각적으로 경험하며 흥미를 높이고 몰입감을 느끼게 한다.

이처럼 매체는 유아의 문학 경험을 풍부하게 하고, 흥미를 증진시키는 데 중요한 역할을 한다. 교사는 매체의 특성을 이해하고 이를 효과적으로 활용하여 유아의 문학적 성장을 도와야 한다.

2 전달 매체의 종류

1) 그림동화

(1) 특징

그림동화는 동화의 장면을 낱장으로 그리거나 확대 인쇄 후 두꺼운 종이에 부착하여 제작하여 책상이나 교사의 무릎 위에 세워 한 장씩 넘기며 들려주는 동화이다. 그림동화는 크고 선명한 그림으로 시각적 몰입을 높이며, 등장인물이나 배경을 강조하고 입체적 조작(예: 등장인물의 움직임, 그림 속 요소 조작)을 통해 이야기를 생동감 있게 전달할 수 있다.

치카치카 양치질 안 할래 / 이지현 글 / 이민혜 그림 / 시공주니어, 2011

오른쪽에서 칫솔과 치약을 꺼내 양치질을 하면서 동화를 읽어줌

오즈의 마법사 / 이복자 엮음 / 안창숙 그림 / 유한미디어, 2011

(2) 제작 및 제시 방법

그림동화를 제작할 때 고려 사항은 다음과 같다.

- 동화의 전체 내용을 고려하여 10~15장의 장면을 선정한다.
- 그림동화를 들려줄 집단의 크기와 보관의 용이성을 고려하여 일반적으로 4절지를 기준으로 두꺼운 종이를 사용한다. 한 번에 모든 종이를 들고 동화를 구연하므로 너무 두껍지 않은 종이를 사용하도록 한다.
- 선정한 장면을 그리거나 확대 인쇄하여 종이에 부착하고, 강조하고 싶은 부분이나 내용을 입체적으로 표현한다. 입체적으로 표현할 때는 할핀을 이용하여 등장인물을 움직이게 하거나, 종이에 칼집을 낸 뒤 낚싯줄을 이용하여 부분을 이동시킬 수 있다.
- 그림동화의 각 장에 번호를 매기고, 다음 장의 동화내용을 전 장의 뒷면 상단에 적거나 인쇄하여 붙인다.

교사가 그림동화를 유아에게 제시할 때 고려 사항은 다음과 같다.

- 교사는 그림동화의 내용과 조작 방법을 충분히 숙지하여 준비한다.
- 동화를 들려주기 전 그림동화가 순서대로 되어있는지 번호를 확인한다.
- 동화를 들려주기 전 그림동화를 올려놓을 책상을 준비하거나 무릎에 올려 동화를 들려주기 위한 교사용 의자를 준비한다.
- 종이에 교사의 얼굴이 가려지지 않도록 높이를 조절하고, 유아와 눈을 맞추고 반응을 고려하며 그림동화를 들려준다.
- 그림동화를 마친 뒤 전체적으로 그림을 다시 보여주며 회상할 수 있는 시간을 가질 수 있다.

그림동화 제작 사례

1) 그림책 소개

해복치와 달복치 / 리사 아르덴 글 / 옥사나 불라 그림 / 붉은삼나무주니어, 2021

줄거리: 따뜻했던 바다가 점점 더 뜨거워지자, 개복치 커플 해복치와 달복치는 큰 결심을 하게 됩니다. 바다가 너무 따뜻해져 알을 낳을 수 없게 된 이들은 차가운 북해로 떠나기로 한 것이죠. 끝없이 펼쳐진 푸른 바다를 건너며 만나는 다양한 해양 생물들, 그리고 변화하는 바다의 모습을 통해 기후변화가 해양 생태계에 미치는 심각한 영향을 생생히 느낄 수 있습니다.
힘든 여정을 지나 도착한 북해는 잠시의 안식을 주었지만, 새로운 걱정이 그들 앞에 다가옵니다. 북해마저 따뜻해질 수 있다는 사실을 알게 된 것입니다. 해복치와 달복치는 이곳에서 새로운 삶을 시작하며, 자신들뿐 아니라 모든 해양 생물의 미래를 위해 바다를 보호해야 한다는 깨달음을 얻습니다.

2) 활동 계획안

<table>
<tr><td colspan="2">주 제</td><td>동물</td><td>소주제</td><td>멸종위기 동물</td></tr>
<tr><td colspan="2">[활동유형]
활동명</td><td colspan="3">그림동화 '해복치와 달복치'</td></tr>
<tr><td colspan="2">목 표</td><td colspan="3">기후변화로 인해 해양 생물이 겪는 어려움을 이해한다.
멸종위기 해양 생물을 보호하기 위해 실천할 수 있는 방법을 찾고 실천한다.
동화 속 해양 생물의 어려움에 공감하며, 환경을 소중히 여기는 마음을 갖는다.</td></tr>
<tr><td colspan="2">누리과정
관련요소</td><td colspan="3">의사소통 〉 책과 이야기 즐기기 〉 책에 관심에 가지고 상상하기를 즐긴다.
자연탐구 〉 자연과 더불어 살기 〉 주변의 동식물에 관심을 가진다.
자연탐구 〉 자연과 더불어 살기 〉 생명과 자연환경을 소중히 여긴다.</td></tr>
<tr><td colspan="2">자료 및 유의점</td><td>낮은 책상, 그림동화 자료</td><td colspan="2">비고(실행 및 평가)</td></tr>
<tr><td rowspan="3">활동
내용</td><td>도입</td><td>- 해양생물 수수께끼</td><td colspan="2">- 해양 생물에 유아들이 관심을 가질 수 있도록 한다.</td></tr>
<tr><td>전개</td><td>- 그림동화 들려주기</td><td colspan="2">- 알맞은 속도와 목소리로 들려준다.
- 모든 유아가 잘 볼 수 있는 대형으로 자리를 배치하며, 바른 자세로 감상할 수 있도록 지도한다.</td></tr>
<tr><td>마무리</td><td>- 동화 회상하기
"동화책 속 해복치와 달복치는 왜 모험을 떠나게 되었지?"<br>"해복치와 달복치가 살던 바다는 왜 따뜻해졌을까?"
- 해양 생물을 위해 할 수 있는 일 이야기 나누기</td><td colspan="2">- 동화 회상 시 유아가 자신의 느꼈던 점과 흥미로웠던 점에 대해 이야기 할 수 있도록 한다.
- 교사는 유아들이 다양한 의견을 이야기할 수 있게 적절한 발문을 사용한다.</td></tr>
</table>

평가	- 유아는 멸종 위기 해양 생물에 대해 흥미를 가졌는가? - 유아는 바른 태도로 동화를 감상하였는가? - 유아는 동화에 대한 자신의 생각, 느낌을 언어로 표현할 수 있었는가? - 교사는 유아와 지속적인 상호작용을 하였는가?

3) 사진

출처: 강남대학교 유아교육과 유우현, 어민선, 이채원, 윤지영, 이지연 제작.

2) 융판동화

(1) 특징

융판동화는 융판 위에서 동화의 등장인물과 배경을 조작하며 들려주는 동화이다. 종이, 펠트, 실물 등으로 만든 자료 뒤에 벨크로 테이프를 부착하여 붙이거나 떼며 이야기를 전달한다. 융판동화를 위해 제작한 자료는 내용의 변형이 쉽고, 조작이 간단하며, 유아가 집중하기 좋으며, 동화가 끝나고 난 뒤에도 유아가 스스로 조작하며 놀이할 수 있다.

무지개 물고기 / 마르쿠스 피스터 글 · 그림 / 시공주니어, 2010

누가 내 머리에 똥 쌌어? / 베르너 홀츠바르트 글 / 볼프 예를브루흐 그림 / 사계절, 2002

(2) 제작 및 제시 방법

융판동화를 제작할 때 고려 사항은 다음과 같다.

- 동화 중 배경 전환이 잦지 않고, 등장인물의 수가 너무 많지 않은 동화를 선정한다.
- 동화의 내용을 각색하고, 꼭 필요한 배경과 등장인물을 정한다.
- 배경과 등장인물을 다양한 소재(예: 종이, 펠트지, 실물 등)로 제작하되, 융판에 고정이 용이한 소재, 눈에 잘 띄는 색상, 자료의 크기를 고려한다.
- 제작한 배경과 등장인물의 뒷면에 잘 고정될 수 있도록 충분한 크기의 벨크로 테이프를 붙인다.

교사가 융판동화를 유아에게 제시할 때 고려사항은 다음과 같다.

- 교사는 융판동화의 내용과 순서, 조작 방법, 고정 위치 등을 충분히 숙지하여 준비한다.
- 동화를 들려주기 전 자료가 이야기에 등장하는 순서를 고려하여 바구니 등에 담아 준비한다.
- 유아를 바라보며 융판동화를 들려주며, 자료가 교사의 손에 가려지지 않도록 신속하게 조작한다.
- 융판동화를 마친 뒤 등장인물을 융판에 모두 붙인 뒤 유아와 함께 회상할 수 있는 시간을 가질 수 있다.

3) 자석동화

(1) 특징

자석동화는 자석판 위에서 동화의 등장인물과 배경을 조작하며 들려주는 동화이다. 자석동화는 종이, 펠트, 실물 등으로 만든 자료 뒤에 자석을 부착하여 붙이거나 떼며 이야기를 전달한다는 점에서 융판동화와 유사하다. 추가로 자석의 성질을 이용하여 밀면서 이동하거나 겹쳐서 자료를 제시할 수 있는 특징이 있다. 또한 두꺼운 종이, 아크릴판과 같이 자력이 통하는 판에서는 뒤에서 자료를 조작할 수도 있다.

도서관에 간 사자 / 미셸 누드슨 글 / 케빈 호크스 그림 / 홍연미 역 / 웅진주니어, 2007

(2) 제작 및 제시 방법

자석동화를 제작할 때 고려 사항은 융판동화와 유사하며 추가로 고려할 사항은 다음과 같다.

- 자료의 크기에 따라 자석의 세기를 조정하며, 글루건 등을 활용하여 자석이 떼어지지 않도록 부착한다.
- 자료의 제시 방법(예: 자료를 겹쳐서 제시)을 고려하여 자석의 N극과 S극을 확인하여 부착한다.

교사가 자석동화를 유아에게 제시할 때 고려사항 역시 융판동화와 유사하며 추가로 고려할 사항은 다음과 같다.

- 자석동화의 자료가 겹쳐 자석이 붙을 경우 떼기 어려울 수 있으므로 자료 사이에 종이를 끼워 동화를 들려줄 때 붙이고 떼는 데 어려움이 없도록 준비한다.
- 두꺼운 종이, 아크릴판 등을 이용하여 자료를 뒤에서 조작할 경우, 조작에 사용되는 자석의 세기가 더 큰 것을 사용하여 원활하게 움직일 수 있도록 한다.

4) 테이블동화

(1) 특징

테이블동화는 책상 위에서 동화의 등장인물과 배경을 조작하며 들려주는 동화이다. 동화의 등장인물이 책상 위에 혼자 설 수 있도록 만들어 방향, 움직임 등을 자유롭게 조절하며 들려줄 수 있는 특징이 있다.

(2) 제작 및 제시 방법

테이블동화를 제작할 때 고려 사항은 다음과 같다.

- 융판동화, 자석동화와 마찬가지로 동화 중 배경 전환이 잦지 않고, 등장인물의 수가 너무 많지 않은 동화를 선정한다.
- 등장인물이 넘어지지 않고 혼자 설 수 있도록 모래, 점토 등을 넣은 지지대(휴지심, 캔, 페트병 등)를 붙인다. 나중에 보관이 용이하도록 지지대에 벨크로 테이프를 부착할 수 있다.
- 배경판이 필요할 경우 등장인물에게 방해가 되지 않도록 크기와 개수를 최소화한다.

교사가 테이블동화를 유아에게 제시할 때 고려사항은 다음과 같다.

- 교사는 테이블동화의 내용과 순서, 조작 방법, 위치, 방향(등장, 퇴장) 등을 충분히 숙지하여 준비한다.
- 동화를 들려주기 전 책상의 위치와 높이를 조정하여 준비한다.
- 유아를 바라보며 테이블동화를 들려주며, 등장인물이 말을 할 때 움직임을 주어 집중할 수 있도록 한다.
- 테이블동화를 마친 뒤 등장인물을 책상에 모두 제시하며 유아와 함께 회상할 수 있는 시간을 가질 수 있다.

테이블동화 제작 및 활동 사례

1) 그림책 소개

곤충호텔 / 한라경 글 / 무운 그림 / 소원나무, 2024

상수리나무잎이 노랗게 물들고 잎이 우수수 떨어지면 숲은 긴 겨울을 맞이할 준비를 합니다. 이맘때가 되면 상수리나무 아래 옹골지게 지어진 곤충 호텔도 분주해집니다. 안식처를 찾아온 곤충 손님들을 맞이해야 하거든요. 할머니 무당벌레 다다는 어떤 곤충 손님이 찾아와도 편안히 묵을 수 있도록 보금자리를 마련한답니다. 상수리나무가 옹기종기 모여 있는 아늑한 상수리나무 방, 빨갛게 물든 단풍잎이 포근하게 깔린 단풍나무 방, 신갈나무잎과 가지가 이리저리 얽혀 있는 신갈나무 방까지. 겨울잠을 자기에도, 알을 낳기에도 안성맞춤이랍니다. 무당벌레 가족의 따스한 보살핌 아래 맞이하는 겨울밤, 그리고 느긋한 바람과 함께 찾아온 봄. 곤충 호텔과 함께 아름다운 계절의 변화를 만끽해 보세요.

2) 활동 계획안 (5세)

주 제	가을	소주제	곤충
[활동유형] 활동명	테이블동화 '곤충호텔'		
목 표	곤충이 겨울을 준비하는 다양한 방법을 이해한다. 동화를 바른 자세로 경청하는 태도를 가진다.		
누리과정 관련요소	의사소통 〉 듣기와 말하기 〉 말이나 이야기를 관심 있게 듣는다. 의사소통 〉 책과 이야기 즐기기 〉 동화, 동시에서 말의 재미를 느낀다. 자연탐구 〉 자연과 더불어 생활하기 〉 주변의 동식물에 관심을 가진다.		

<table>
<tr><th colspan="2">자료 및 유의점</th><td>낮은 책상, 테이블동화 자료</td><th>비고
(실행 및 평가)</th></tr>
<tr><th rowspan="3">활동
내용</th><th>도입</th><td>테이블동화 등장인물 자리 바꾸기를 통해 유아들의 주의를 집중시키기</td><td>- 테이블동화 등장인물에 유아들이 관심을 가질 수 있도록 한다.</td></tr>
<tr><th>전개</th><td>테이블동화 들려주기</td><td>- 알맞은 속도와 목소리로 들려준다.
- 테이블동화의 배경이나 등장인물의 크기를 잘 조절한다.</td></tr>
<tr><th>마무리</th><td>• 동화 회상하기
"곤충들이 왜 겨울에 호텔로 들어오는 걸까?"<br>"어떤 방이 가장 따뜻해 보이니?"<br>"이야기에서 어떤 곤충이 가장 기억에 남았니?"
• 느낀 점 나누기</td><td>- 동화 회상 시 유아가 자신의 느꼈던 점과 흥미로웠던 점에 대해 이야기할 수 있도록 한다.</td></tr>
<tr><th colspan="2">평가</th><td colspan="2">- 유아는 겨울나기를 준비하는 곤충에 대해 흥미를 가졌는가?
- 유아는 바른 태도로 동화를 감상하였는가?
- 유아는 동화에 대한 자신의 생각, 느낌을 언어로 표현할 수 있었는가?
- 교사는 유아와 지속적인 상호작용을 하였는가?</td></tr>
</table>

곤충호텔 (테이블동화 대본)

등장인물: 무당벌레 무무, 하늘소 애벌레, 번데기, 사마귀

#1장(등장인물: 무무)
무당벌레 무무는 곤충호텔의 주인이에요.
무무는 가을이 끝날 때쯤이면 호텔의 손님을 맞을 준비를 한답니다.
무무: 이제 곧 손님들이 오겠구나. 그럼 슬슬 시작해 볼까?
무무는 호텔을 청소하기 시작했어요.
먼저 곤충 호텔의 문을 활짝 열었어요.
무무는 억새풀 먼지떨이로 거미줄을 떨어내고 마른 나뭇잎 걸레로 마룻바닥을 깨끗이 닦았지요.
신이 난 무무는 깔끔해진 곤충 호텔을 구석구석 둘러보기 시작하였어요.
무무: (동동 나무를 두드리며) 우아. 멋진 소리가 나네!

#2장(하늘소 애벌레, 무무)
휭~
찬 바람이 불자 첫 번째 손님이 찾아왔어요.
하늘소 애벌레: (똑똑 문을 두드리며) 안녕하세요! 저는 하늘소 애벌레예요.
무무: 어서오세요 무무호텔입니다! 무슨 방이 필요하세요?
하늘소 애벌레: 저는 곧 있으면 멋진 하늘소가 되는데, 잠을 잘 수 있을까요?
무무: 잘 오셨어요. 이쪽으로 오세요!
무무는 2층 상수리나무 방으로 하늘소 애벌레를 안내했어요.
상수리나무 방은 상수리나무 침대가 옹기종기 모여있는 방이에요.
하늘소 애벌레: 우아. 참 따뜻한 방이네요. 감사합니다!
애벌레는 상수리나무 침대를 뽀득뽀득 갉아 먹곤 금세 잠이 들었어요.

#3장(무무, 번데기)
휭~ 휭~
찬 바람이 두 번 불자 또 다른 곤충이 호텔을 찾아왔어요.
번데기: (똑똑 문을 두드리며) 안녕하세요! 저는 번데기예요.
무무: 어서오세요! 무무호텔입니다. 무슨 방이 필요하세요?
번데기: 저는 빨리 어른이 되고 싶은데. 잠을 잘 수 있을까요?
무무: 잘 오셨어요. 이쪽으로 오세요!
무무는 번데기를 단풍나무 방으로 옮기기 시작했어요.
단풍나무 방은 빨갛게 물든 단풍잎이 포근하게 깔린 방이에요.
번데기: 우아. 참 푹신한 방이네요. 감사합니다!
번데기는 단풍잎을 덮고 누웠어요.

#4장(무무, 사마귀)
휭~ 휭~ 휭~
찬바람이 더 세차게 곤충호텔 문을 흔들었어요.
사마귀: (똑똑 문을 두드리며) 안녕하세요! 저는 사마귀예요.
무무: 어서오세요. 무무호텔입니다! 무슨 방이 필요하세요?
사마귀: 저는 곧 알을 낳아야 하는데. 잠을 잘 수 있을까요?
무무: 잘 오셨어요. 이쪽으로 오세요!
무무는 사마귀를 신갈나무 방으로 안내했어요.
신갈나무 방은 신갈나무잎과 가지가 얽혀 있는 방이에요.
사마귀: 우아. 참 안전한 방이네요. 감사합니다!
사마귀는 나뭇가지에 커다란 알집을 만든 뒤, 알을 낳았어요.

#5장(무무)
휭~ 휭~ 휭~ 휭~
이제는 호텔 복도에도 바람이 들어왔어요.
딸깍.
불이 꺼지자 곤충호텔의 긴 밤이 시작되었어요.
무무가 틀어 놓은 음악만 곤충들의 방을 오갔지요.

#6장(하늘소, 번데기(호랑꽃무지), 사마귀, 무무)
추운 겨울이 지나고
긴 잠에서 깬 곤충들이 하나둘씩 곤충호텔 밖으로 나왔어요.

하늘소: 따뜻한 방 덕분에 멋있는 더듬이가 생겼어요. 감사합니다.
하늘소 애벌레는 하늘소가 되어 더듬이로 인사했어요.
나비: 푹신한 방 덕분에 날개를 쓸 수 있게 되었어요. 감사합니다.
번데기는 나비가 되어 날아갔어요.
사마귀: 안전한 방 덕분에 알을 부화시킬 수 있었어요. 감사합니다.
사마귀는 아기 사마귀들과 먹이를 찾으러 떠났어요.

무무는 떠나는 곤충 손님들을 배웅했어요.
무무: 다들 저의 호텔을 찾아주셔서 감사해요! 추워지면 언제든 다시 찾아오세요~!

출처: 강남대학교 유아교육과 권민서, 김은지, 박수민, 장원석 제작.

5) 손인형동화

(1) 특징

손인형동화는 교사가 동화의 등장인물인 손인형(손가락인형)을 끼고 움직임을 주며 들려주는 동화이다. 손인형은 상품화된 것을 사용하기도 하고, 다양한 소재의 손인형을 교사가 직접 제작할 수도 있다. 손인형을 사용한 동화는 유아가 손인형이 움직이면서 말하는 것에 쉽게 몰입하게 하고 상호작용하며 등장인물에 감정을 이입하게 되는 특징이 있다.

(2) 제작 및 제시 방법

손인형동화를 제작할 때 고려 사항은 다음과 같다.

- 등장인물의 수가 적은 동화를 선정한다.
- 등장인물을 다양한 소재(예: 펠트, 천, 종이 봉투, 양말 등)를 활용하여 제작할 수 있다.
- 손인형동화의 내용을 고려하여 움직임을 조종할 수 있도록 제작한다.

교사가 손인형동화를 유아에게 제시할 때 고려사항은 다음과 같다.

- 교사는 손인형동화의 내용과 순서, 조작 방법 등을 충분히 숙지하여 준비한다.
- 동화를 들려주기 전 손인형을 바구니 등에 담아 준비한다.
- 손인형동화를 들려줄 때는 등장인물이 말을 하거나 행동을 할 때만 조작하여 집중할 수 있도록 한다.
- 손인형동화를 마친 뒤 손인형을 유아가 스스로 조작해 볼 수 있도록 놀이에 제공할 수 있다.

6) 디지털 미디어 동화

디지털 미디어 동화는 디지털 기술을 활용하여 다양한 디지털 기기, 플랫폼, 콘텐츠 형태를 통해 들려주는 동화를 총칭한다. 디지털 미디어가 발전함에 따라 유아에게 동화를 전달하는 매체와 도구도 다양한 방식으로 발전하고 변화해 왔다(김희동, 김동환, 2019; 정진명, 이소희, 2001). 특히 4차 산업혁명 이후의 디지털 전환과 코로나19를 거치며 원격교육의 실시는 디지털 기술이 유아문학교육에 활발하게 적용되는 계기가 되었다.

디지털 미디어 동화는 글, 그림, 사진, 음성, 영상 애니메이션 등을 통합하여 이야기를 풍부하게 표현하고 확장하며, 상호작용적 요소를 통해 유아가 직접 이야기 속에 참여할 수 있도록 한다. 디지털 미디어 동화의 유형으로는 파워포인트 동화, 영상그림동화, 전자책 등이 있다.

(1) 파워포인트동화

① 특징

파워포인트동화는 파워포인트 프레젠테이션 프로그램을 사용하여 스크린이나 TV화면에서 프레젠테이션 기능을 활용하여 들려주는 동화이다. 교사는 파워포인트의 애니메이션 효과, 소리 및 영상 삽입, 페이지 전환, 글자 색 조정 등 다양한 기능을 활용하여 동화를 제작할 수 있으며, 이미 만들어진 동화를 활용할 수도 있다. 파워포인트동화는 시청각적 몰입감을 극대화하며, 다양한 멀티미디어 기능을 통해 유아들의 흥미를 유도하고 집중력을 높인다.

자료: i-nuri 포털(2020). 동화_꼬마기차 치포의 여행 pptx. https://me2.do/GCMH8eco
i-nuri 포털(2020). 재미난 동화_실수야, 실수 pptx. https://me2.do/5iYmSsYA

② 제작 및 제시 방법

파워포인트동화를 제작할 때 고려 사항은 다음과 같다.

- 동화의 전체 내용을 고려하여 주요 장면을 선정하여 동화의 흐름은 유지하면서도 과도하게 길어지지 않도록 한다.
- 각 장면에 적절한 이미지, 동화의 분위기와 일치하는 배경 음악이나 효과음, 애니메이션 효과를 활용하여 동화의 분위기를 조성한다.
- 동화 제작에 사용하는 이미지, 음악, 영상 등의 자료는 저작권을 침해하지 않도록 주의한다. 직접 제작한 자료를 사용하거나, 저작권이 없는 자료, 또는 사용 허가를 받은 자료를 활용해야 한다.
- 각 장면의 내용과 적용한 효과(예: 등장인물 이동, 효과음 제시 순서 등)를 슬라이드 노트에 기록한다.

교사가 파워포인트동화를 유아에게 제시할 때 고려 사항은 다음과 같다.

- 교사는 파워포인트동화의 내용, 각 장면의 애니메이션 및 효과 사용 방법 등을 충분히 숙지하여 준비한다.
- 동화를 들려주기 전, 컴퓨터와 스크린, 프로젝터 등의 장비를 점검하고 작동 방법을 숙지한다. 장비가 올바르게 작동하는지 미리 테스트하여, 진행 중 기술적 문제가 발생하지 않도록 한다.
- 유아의 반응을 고려하여 슬라이드 전환과 애니메이션 속도를 조절하며 동화를 들려준다. 유아들이 이야기에 몰입할 수 있도록 적절하게 애니메이션을 사용하고, 중요한 장면에서는 설명을 덧붙인다.
- 파워포인트동화를 마친 뒤, 전체 슬라이드를 다시 보여주며 유아들이 이야기를 회상할 수 있는 시간을 제공한다.

(2) 영상그림동화

영상그림동화는 원작 그림동화를 기반으로 하여 애니메이션, 실사 영상, 그래픽 등으로 제작되며, 음향 강화와 성우의 낭독, 음악, 움직임 효과를 통해 영상으로 시청할 수 있는 동화 콘텐츠이다(신헌재, 임현경, 2007).

영상그림동화는 시각적 요소와 음향 효과를 결합하여 이야기를 더욱 몰입감 있게 전달하는 특징이 있다. 또한 미리 제작된 영상을 사용하므로 교사의 실시간 조작이 필요 없으며, 일관된 내용 전달이 가능하다. 유아들은 반복 시청을 통해 내용을 깊게 이해할 수 있으며, 빠른 화면 전환과 다채로운 시각적 요소가 유아의 흥미를 높이는 데 효과적이다.

최근 디지털 매체의 발달과 미디어, 디지털 교육의 활성화로 인해 디지털매체를 활용한 동화 들려주기가 중요한 도구로 활발히 사용되고 있다. 아이누리포털과 교육용 플랫폼, 유튜브의 그림책 출판사, 지역 교육청 채널 등에서도 다양한 콘텐츠로 제공된다. 이를 통해 유아들이 그림책을 영상으로 쉽게 접할 수 있게 되며, 이러한 변화는 교육 현장에서 영상그림동화의 활용도를 높이는 데 기여하고 있다.

출처: 도서출판북극곰 https://youtu.be/1WC_IMNKw1A?si=jvokWoBVBS35O1B5

출처: 사계절TV https://youtu.be/PhIKoyYln_o?si=uXCGs0BUaaPlvUDp

(3) 전자책

전자책은 디지털미디어를 기반으로 텍스트와 이미지를 디지털 형식으로 제공하여, 다양한 디지털 기기를 통해 접근할 수 있는 책이다. 기존 종이 그림책의 콘텐츠에 멀티미디어 요소가 반영되어, 페이지 넘기기, 스크린 터치, 드래그 등 조작을 통해 상호작용하며 탐색할 수 있는 새로운 매체라고 할 수 있다(유구종 외, 2013). 최근에는 전자책의 기본 기능에 더하여 애니메이션, 음성 낭독, 게임 및 퀴즈와 같은 기능이 포함된 앱북(App book: Application book), 실제 책의 페이지와 디지털이 결합합된 형태로 3D 모델, 애니메이션, 비디오 클립 등을 디지털 기기로 스캔하여 독특한 시각적 경험을 제공하는 증강현실책(AR book) 등이 활용되고 있다.

이와 같은 디지털 매체들은 종이책의 한계를 넘어 독서와 경험에 새로운 차원을 열어주고, 다양한 기능과 상호작용 요소를 통해 유아에게 더 풍부하고 몰입감 있는 경험을 제공한다. 교사는 전자책을 통해 유아에게 문학적 경험을 제공할 때, 유아가 자발적이고 능동적으로 탐색할 수 있도록 지원해야 하며, 단순히 흥미 위주의 게임이나 오락적 요소에 치우치지 않도록 하고, 문학적 내용이 충분히 포함된 전자책을 선정하고 제공하는 것이 중요하다(서정숙, 남규, 2020).

출처: YES24 https://youtu.be/lIKdJUQWhLk?si=ExnWRpmg_sxvq4nW

용감한 하준이의 세균 물리치기 / 조영선 글 / 박미경 그림 / 꿈꾸는 코끼리, 2021

생각해 보기

본 장에서는 유아문학교육에서의 다양한 매체의 특징과 제작 및 제시 방법을 살펴보았습니다. 조별로 동화를 선정하고, 배운 내용을 바탕으로 아래 활동을 진행해 보세요.

1. 동화 선정

- 각 조는 하나의 동화를 선택합니다.

  예: 『팥죽 할멈과 호랑이』, 『무지개 물고기』, 『누가 내 머리에 똥 쌌어』 등

2. 매체 선택

- 동화를 들려줄 매체를 결정합니다.

  예: 그림동화, 융판동화, 자석동화, 테이블동화, 손인형동화, 디지털 미디어 동화 등.
- 동화의 주요 장면 한 장면을 선정하고, 선택한 매체로 이를 구체화합니다.
- 매체 특성을 활용하여 자료를 제작합니다.
- 제작한 장면을 시연하며, 매체 선택 이유와 제작 과정을 설명합니다.

  예: 발표 구성

  ① 선택한 동화와 장면 소개

  ② 매체 선택 이유

  ③ 제작한 자료 시연

3. 토론 및 피드백

- 다른 조의 발표를 들으며 다음 질문에 대해 토론합니다
  - 선택한 매체가 이 장면을 표현하는 데 적합한 이유는 무엇인가?
  - 매체 활용을 개선할 수 있는 방법은 무엇인가?
- 각 조는 다른 조의 피드백을 반영하여 매체 활용의 강점과 약점을 정리합니다.

Chapter 09

유아문학교육에서의 대소집단활동(동화, 동극, 동시)

✻ 학습 주제

문학 활동, 동화 활동, 동극 활동, 동시 활동

✻ 학습 목표

유아문학교육에서의 대소집단활동 유형과 방법을 이해한다.

동화, 동극, 동시 활동의 내용과 방법을 이해하고 실행할 수 있다.

✻ 들어가는 말

유아문학교육에서의 대소집단활동은 동화, 동극, 동시 활동을 중심으로 이루어집니다. 좋은 문학 작품 한 편은 유아의 놀이를 촉진하는 매개체가 되므로 교사가 교육적으로 적합한 동화, 동극, 동시를 선정하여 유아에게 들려줄 수 있습니다. 유아가 즐겨 읽는 동화나 동화의 내용으로 극놀이를 하는 모습을 통해 교사가 동극 활동으로 지원할 수 있습니다. 본 장에서는 동화, 동극, 동시 활동에 대해 이해하고 현장에서 실행할 수 있는 방법에 대해 알아보겠습니다.

유아문학교육에서는 대부분의 대소집단활동과 연계가 가능하나, 본서에서는 문학의 종류인 동화, 동극, 동시 활동을 중심으로 살펴보고자 한다. 동화, 동극, 동시 활동을 활용한 유아문학교육은 유아들이 문학적 경험을 확장하고 심화할 수 있는 기회를 제공한다. 문학 활동을 통해 유아들은 서로의 생각과 느낌을 나누며 협력하고 상호작용하는 과정 속에서 문학적 경험을 공유하게 된다. 이러한 문학 활동은 유아가 상상력과 언어 능력을 키우고, 정서적 공감과 사회적 기술을 배울 수 있는 상호적인 배움의 장을 제공한다.

1 동화 활동

동화 활동은 유아를 위해 만들어진 이야기를 여러 가지 전달 매체로 전달하는 것이다(이정환, 김희진, 2013). 동화 활동을 통해 이야기를 함께 경험하는 과정에서 유아들은 등장인물의 감정과 행동을 이해하고, 이야기의 흐름을 따라가며 공감하게 된다. 이러한 경험은 단순히 이야기를 듣는 것에 그치지 않고, 질문과 토론, 후속 활동으로 이어져 문학적 경험이 더욱 확장된다.

1) 동화 활동의 준비

교사는 동화를 선택할 때, 다음을 기준을 고려할 수 있다(이정환, 김희진, 2013).

- 유아에게 즐거움을 주는지
- 유아가 이해할 만한 수준의 책인지
- 가치 있는 주제인지
- 그림이 개성있고 글과 조화를 이루는지
- 글이 즐겁고 새로운 언어 체험을 제공하는지
- 그림과 글은 상상력과 호기심을 자극하고 창의적인 사고를 하도록 격려하는지
- 인종이나 성, 연령에 대한 고정관념은 없는지
- 적은 비용으로 쉽게 구입할 수 있는 책인지

즉, 동화는 유아의 발달 수준과 관심사에 맞는 내용이며 유아에게 적합한 주제와 메시지를 담고 있어야 한다. 또한 풍부한 상상력을 자극하는 언어적 표현과 시각적 요소가 담긴 동화를 선택하는 것이 중요하다.

〈표 9-1〉 동화 활동에 활용하기 좋은 그림책

책 정보	내용
 당근 유치원 / 안녕달 글·그림 / 창비, 2020	아기 토끼가 새로운 유치원에 가서 크고 힘센 곰 선생님을 만나 적응해 가는 이야기. 유치원 적응 과정에서 겪는 아이들의 감정과 교사와의 관계 형성을 따뜻하게 그려내며, 유아의 성장과 교사의 역할의 중요성을 보여준다.
 쩌저적 / 이서우 글·그림 / 북극곰, 2018	무리에서 떨어진 꼬마 펭귄이 세계 곳곳을 여행하는 이야기. 홀로 남겨진 상황에서의 용기와 모험, 그리고 성장을 그리며, 아이들에게 새로운 경험의 중요성과 자립심을 보여준다.
 노란 우산 / 류재수 글·그림 / 보림, 2007	비 오는 날 다양한 색깔의 우산을 쓴 아이들이 등교하는 모습을 그린 글 없는 이야기. 음악과 함께 감상하며 아이들의 상상력을 자극하고, 다양성과 조화를 시각적으로 표현하여 아이들의 개성을 존중하는 메시지를 전달한다.

책 정보	내용
 세상에서 가장 용감한 소녀 / 매튜 코델 글 · 그림 / 비룡소, 2018	눈보라 속에서 길 잃은 새끼 늑대를 구해주고, 다시 늑대 무리의 도움을 받아 집으로 돌아가는 소녀의 이야기. 용기, 동물과 인간의 교감, 그리고 선행의 가치를 보여주며, 위험 속에서도 타인을 돕는 용기와 그에 따른 보답의 순환을 그려냄.
 나는 크고 아름다워요 / 배슈티 해리슨 글 · 그림 / 김서정 역 / 책읽는곰, 2024	또래 친구들보다 큰 덩치를 가진 여자아이가 주변의 편견 어린 시선과 말에 위축되지만, 자신의 가치를 깨닫고 자존감을 회복하는 이야기. 모든 아이가 사랑받을 자격이 있는 소중한 존재임을 상기시키고, 자신의 아름다움을 발견하는 과정을 그림.

다음으로, 유아가 이야기에 쉽게 몰입하고 흥미를 가질 수 있도록 동화를 효과적으로 전달할 수 있는 매체를 선택하는 것이 중요하다. 유아교육 현장에서 자주 활용되는 매체로는 그림동화, 융판동화, 자석동화, 테이블동화, 파워포인트동화 등이 있다. 각 매체의 특성과 사용 시 유의사항을 충분히 고려하여 동화를 전달하는 것이 필요하다.

2) 동화 활동의 운영

동화 활동의 운영은 유아들이 이야기 속에서 상상력을 발휘하며 정서적 · 인지적으로 성장할 수 있도록 돕는 중요한 과정이다. 이는 유아들의 흥미와 참여를 유도하고 풍부한 문학적 경험을 제공하기 위해 도입, 전개, 마무리의 순서로 구성할 수 있다. 각 단계를 유아의 발달 수준과 흥미를 고려하여 계획하고 실행되며, 유아들이 이야기와 상호작용하며 깊이 있는 경험을 할 수 있도록 지원한다.

각 단계를 자세히 살펴보면 다음과 같다.

(1) 도입

동화를 들려주기 전 동화의 주제, 소재, 등장인물, 배경, 사건 등을 유아들의 경험과 연결하고, 다양한 교구나 시청각 자료를 활용하여 유아들이 자연스럽게 관심을 갖고 흥미를 느끼도록 할 수 있다. 예를 들어, 동화의 주제를 간단히 소개하며 유아들이 비슷한 경험을 떠올릴 수 있도록 질문하거나, 등장인물의 특징을 상상해 보도록 할 수 있다. 또한, 동화 속 반복적 표현이나 독특한 단어를 미리 알려줘 이야기를 듣는 재미를 더할 수 있다. 이와 함께, 유아들에게 익숙한 소재를 교구나 그림 자료와 연결하면 동화에 대한 몰입도가 높아질 수 있다.

그러나 이러한 준비 과정이 너무 길어질 경우 유아들의 집중력이 흐트러지고 실제 동화를 듣는 흥미를 떨어뜨릴 수 있으므로 간결하게 진행해야 한다. 필요에 따라 이런 준비 과정 없이 동화 읽기로 바로 시작하는 것도 충분히 가능하다.

(2) 전개

전개 단계는 동화 활동의 중심으로, 유아들이 동화 속 이야기에 몰입하고 이해할 수 있도록 돕는 과정이다. 이 단계에서는 먼저 동화의 제목과 저자를 소개하며 이야기를 시작한다. 교사는 동화를 처음부터 끝까지 들려주는 동안, 유아들의 반응을 세심히 관찰하며 진행한다.

동화를 들려줄 때는 이야기의 흐름이 방해되지 않도록 유아와의 상호작용에 주의해야 한다. 중간에 질문을 계속 던지기보다, 동화를 모두 들려준 후 유아들과 이야기를 나누는 것이 효과적이다. 다만, 유아가 이야기 중간에 질문을 할 경우에는 짧게 설명하고 넘어가거나, 동화를 모두 들은 뒤 질문을 받을 수 있도록 안내한다.

동화를 들려준 후에는 유아들이 이야기를 다시 떠올릴 수 있도록 그림이나 등장인물만 보여주며 회상 활동을 진행할 수 있다. 전달 매체의 종류에 따라 동화 속 장면을 다시 살펴보거나, 이야기의 핵심 요소를 간단히 되짚어보는 것도 좋은 방법이다. 그러나 회상 활동은 항상 필요한 것은 아니며, 상황과 유아들의 반응에 따라 생략할 수도 있다.

(3) 마무리

마무리 단계에서는 유아들과 동화 속에서 인상 깊었던 장면이나 재미있었던 부분, 그리고 자신이 느꼈던 감정이나 생각을 나누는 시간을 가질 수 있다. 이러한 대화는 유아들이 동화 내용을 되새기고, 자신의 경험과 연결하며, 다른 친구들의 관점을 이해하는 기회를 제공한다. 이때 대화는 지나치게 길거나 부담스럽지 않도록 간결하게 진행하는 것이 중요하다.

또한 전달매체에 따라 유아들이 동화를 스스로 다시 감상하거나 놀이에 활용할 수 있는 환경을 조성하는 것도 필요하다. 예를 들어, 동화책이나 관련 자료를 교실 한편에 배치하거나 등장인물 인형, 배경 소품 등을 활용하여 자연스럽게 동화의 이야기를 확장할 수 있도록 돕는다.

항상 이루어지지는 않지만 유아들의 관심이 활발하게 이어지는 경우 동화의 사건, 등장인물, 배경, 소재 등을 활용하여 유아들의 창의력과 상상력을 자극할 수 있는 다양한 사후 활동을 제안할 수 있다. 사후 활동으로 해볼 수 있는 활동의 예는 다음과 같다.

- 다음 이야기 상상하기: 동화의 결말 이후 이야기를 상상하여 글, 그림, 또는 언어로 표현하기
- 이야기 재구성하기: 등장인물의 성격이나 상황을 바꾸어 새로운 이야기를 만들기
- 주인공에게 편지 쓰기: 주인공에게 자신의 감정을 담아 편지를 써보며 동화 속 인물과의 연결감을 형성하기
- 역할놀이: 동화 속 등장인물로 변신하여 이야기를 재현하거나 새로운 상황을 추가해 놀이하기
- 창작 미술 활동: 동화의 장면을 그림이나 입체 작품으로 표현하여 등장인물의 특징을 강조한 작품 만들기
- 음악과 동작 활동: 이야기를 자신의 생각과 느낌에 따라 음악과 움직임으로 표현하기

또한, 동화 속 문제 해결 방법이나 새롭게 알게 된 점을 생활 속에서 어떻게 적용할 수 있을지 함께 이야기 나누어 볼 수 있다. 예를 들어, 친구와 나누는 것의 소중함을 다룬 동화라면, 유아들이 실제 생활에서 어떻게 실천할 수 있을지 구체적으로 이야기해 볼 수 있다.

이러한 사후 활동은 유아들의 흥미와 반응에 따라 유연하게 구성하고, 놀이와 문학적 경험이 자연스럽게 연결될 수 있도록 지원하는 것이 중요하다.

(4) 동화 활동의 예

<table>
<tr><th>활동명</th><td colspan="3">동화『무지개 물고기』</td></tr>
<tr><th>활동유형</th><td>대집단 동화 활동</td><th>활동연령</th><td>4세</td></tr>
<tr><th>활동목표</th><td colspan="3">동화를 듣고 등장인물과 이야기 속 상황을 이해하며 즐거움을 느낀다.
동화 속 상황에 대해 자신의 생각과 느낌을 말로 표현한다.
친구와 나누고 배려하는 행동의 중요성을 이해하고 이를 실천한다.</td></tr>
<tr><th>누리과정
관련요소</th><td colspan="3">의사소통〉 듣기와 말하기〉 말이나 이야기를 관심 있게 듣는다.
의사소통〉 듣기와 말하기〉 자신의 경험, 느낌, 생각을 말한다.
사회관계〉 더불어 생활하기〉 친구와의 갈등을 긍정적인 방법으로 해결한다.</td></tr>
<tr><th>활동자료</th><td colspan="3">동화자료: 무지개 물고기(융판동화 자료)
사진 자료(물고기, 불가사리, 문어, 해마)</td></tr>
</table>

	활동내용	유의점
도입	• 바닷 속에 사는 생물 퀴즈 내기 - 물고기, 불가사리, 문어, 해마 - 불가사리 퀴즈 ① 나는 바닷속에 살고, 주로 바위에 붙어 살아요. ② 나는 몸이 아주 딱딱하고 다리가 다섯 개에요. ③ 나는 별 모양으로 생겼어요. • 바닷 속 생물이 나오는 동화를 들려줄 것임을 안내하기	*사진자료 준비 *유아의 흥미에 따라 퀴즈의 개수를 조절한다.
전개	• 『무지개 물고기』 동화 소개하기 - 오늘 들을 동화의 제목은 『무지개 물고기』이고, 마르쿠스 피스터라는 사람이 만들었어요. • 『무지개 물고기』 동화 들려주기 • 『무지개 물고기』 동화 회상하기 - 무지개 물고기는 왜 무지개 물고기라고 불렸나요? - 문어 할머니는 무지개 물고기에게 어떻게 하라고 하셨나요?	*동화 자료준비
마무리	• 『무지개 물고기』 동화를 듣고 느낀 점 이야기 나누기 - 어떤 장면이 기억에 남았나요? 그 이유는 무엇일까요? - 무지개 물고기가 친구들에게 비늘을 나누어줄 때 어떤 마음이었을까요? • 『무지개 물고기』 동화 자료 활용에 대해 안내하기 - 『무지개 물고기』 동화 자료는 책장 옆 바구니에 놓아둘게요. 다시 보고 싶은 사람은 놀이 시간에 자유롭게 찾아서 볼 수 있어요.	*유아들이 생각과 느낌을 자유롭게 표현할 수 있도록 상호작용한다.

2 동극 활동

동극 활동은 교사가 들려준 동화의 내용을 중심으로 유아들이 극을 해보는 활동을 말한다(이정환, 김희진, 2013). 유아들은 이야기의 등장인물을 연기하며 창의적 표현력과 상호작용 능력을 기를 수 있는 기회를 갖게 된다. 역할을 분담하고, 함께 연습하고 발표하는 과정은 유아들에게 협동심과 문제해결 능력을 가르

쳐주며, 자신감을 키우는 데 큰 도움을 준다. 동극을 통해 유아들은 단순히 문학을 듣는 것이 아니라 적극적으로 참여하며 창의적으로 재구성하는 경험을 하게 된다.

1) 동극 활동의 준비

동극을 위한 동화를 선정할 때에는 유아의 연령에 따라 등장인물의 수, 줄거리의 복잡성, 동화의 길이 등을 고려하여 선택한다. 다음의 요소를 고려하여 동화를 선정할 수 있다.

- 단순하고 이해하기 쉬운 이야기 구조.
- 짧고 반복되는 대화로 구성되어 있어 유아가 대사를 기억하기 쉬운 동화.
- 다양한 캐릭터와 유아가 연기할 수 있는 흥미로운 내용.
- 유아가 실감나게 표현할 수 있는 대화와 동작이 포함된 동화.
- 등장인물의 수가 (5~6명 이내로) 동극을 하기에 적절하며 상황에 따라 늘이거나 줄여도 되는 동화.

'커다란 순무'는 유아교육현장에서 동극 활동에 자주 활용되는 동화이다. 할아버지가 순무를 뽑으려고 했는데 잘 뽑히지 않자, 할머니, 손녀, 강아지, 고양이, 생쥐를 불러 마침내 커다란 순무가 뽑힌다는 이야기이다. "ㅇㅇ아~ 무 뽑는 것 좀 도와줘."라는 대사가 반복되어 등장인물 역할을 맡은 유아가 기억하기 쉽고 "무 같이 뽑자. 얼른 와~"와 같이 대사를 변형하여도 의미가 크게 달라지지 않아 동극을 하기 용이하다. 서로서로 허리를 잡고 "영차, 영차" 구호를 외치며 동작을 하면서 유아는 실감나게 표현하고 재미를 느낀다. 고양이 역할을 여러 명의 유아가 하고 싶을 경우 2-3명의 유아가 함께 고양이 역할을 맡을 수도 있고 상황에 따라 등장인물을 늘이거나 줄여도 극 전개에 크게 영향을 미치지 않아 동극용 동화로 적합하다.

[그림 9-1] '커다란 순무' 융판동화 자료와 동극용 머리띠

출처: 강남대학교 유아교육과 고은우, 김지원, 박은지, 신주빈, 임유빈 제작.

〈표 9-2〉 동극 활동에 활용하기 좋은 그림책

책 정보	
 커다란 순무 / 알릭세이 톨스토이 글 / 헬렌 옥스버리 그림 / 박향주 역 / 시공주니어, 1996	 사과가 쿵! / 다다 히로시 글·그림 / 정근 역 / 보림, 1996

책 정보	
 검피 아저씨의 뱃놀이 / 존 버닝햄 글·그림 / 이주령 역 / 시공주니어, 1996	 야, 우리 기차에서 내려! / 존 버닝햄 글·그림 / 박상희 역 / 비룡소, 1995
 누가 내 머리에 똥 쌌어? / 베르너 홀츠바르트 글 / 볼프 에를브루흐 그림 / 사계절, 2002	 팥죽 할멈과 호랑이 / 박윤규 글 / 백희나 그림 / 시공주니어, 2009

2) 동극 활동의 운영

유아교육현장에서 동극 활동은 동화 들려주기, 회상하기, 무대 배경 및 소품 구성하기, 배역 정하기, 동극 하기, 평가하기, 재공연하기의 단계로 진행된다(김희진, 2022). 교사는 동화를 적합하게 각색하고 대본을 작성하여 다양한 매체를 활용해 동화를 들려주며, 유아가 동화 내용을 회상하고 줄거리를 이해하도록 돕는다. 이후 유아가 주도적으로 무대와 소품을 구성하고, 발달 수준과 성향을 고려하여 배역을 정한다. 동극을 할 때 교사가 해설자로서 유아의 진행을 지원하며, 관람 태도와 전체 흐름을 관리한다. 동극 후에는 긍정적 · 개선점을 중심으로 평가를 진행하고, 재공연을 통해 창의적이고 풍성한 동극으로 발전시킨다. 전체적으로 교사는 유아가 자율적으로 동극을 이끌어나가도록 지원하되, 교육적으로 유익한 경험이 될 수 있도록 안내하여 교사의 지도와 유아의 자율성이 균형을 유지하는 것이 중요하다.

동화 들려주기 → 회상하기 → 무대 배경 및 소품 구성하기 → 회상하기 → 동극 하기 → 평가하기 → 재공연하기

(1) 동화 들려주기

유아교육현장에서 동극은 교사가 계획한 활동으로 진행하는 경우가 있고, 이야기를 듣고 유아들이 자연스럽게 극놀이를 하다가 동극 활동으로 진행할 수도 있다. 교사가 계획하였을 때에는 앞서 살펴본 동극용 동화의 조건을 충족하는 동화를 선정하여 동극에 적합하도록 각색하고 동극용 대본을 만들어 동화를 들려준다. 극놀이로부터 발전된 동극은 대본을 만들고 각색하는 과정을 유아가 주도적으로 이끌 수 있다.

동화 내용을 각색하고 동극용 대본을 만들기 위해서는 이야기의 뼈대가 되는 줄거리를 중심으로 설명 부분은 삭제하고 간접 화법을 직접 화법으로 수정하여 역할을 맡은 유아가 말하기 쉽도록 바꾸어준다. 예를 들어 '인성이는 엄마에게 다녀오겠다고 말하며 집을 나섰다.'의 동화 내용을 '인성이는 "엄마, 다녀오겠습니다."라고 말하며 집을 나섰다.'로 바꿀 수 있다.

주요 등장인물을 정하고 인물 간 대화를 묻고 답하거나 주고받는 형식으로 변경할 수 있고, 동일한 대사가 반복적으로 나타나도록 수정할 수 있다. 앞서 살펴본 '커다란 순무'에 적용해보면 할아버지는 할머니를 부르며 "할멈, 무 뽑는 것 좀 도와줘.", 할머니는 손녀를 부르며 "얘야, 무 뽑는 것 좀 도와줘."라고 대사가 반복되면 역할을 맡은 유아는 보다 쉽게 대사를 말할 수 있다. 동화 내용 중에 유아가 이해하기 어렵거나 너무 추상적이거나 부적절한 어휘가 있을 경우, 쉬운 어휘로 대체하거나 이야기의 흐름에 큰 영향이 없다면 삭제할 수 있다.

동극용 대본으로 동화를 각색했다면 동화를 들려준다. 그림동화, 융판동화, 자석동화, 테이블동화, 파워포인트동화 등 동화 내용에 적합하도록 다양한 매체를 활용하여 동극을 들려줄 수 있다. 유아가 등장인물과 보다 쉽게 동일시하고 등장하는 위치나 동선 등을 이해하기 쉬운 매체는 등장인물이 입체적으로 드러나는 융판, 자석, 테이블동화이다. 교사는 추후 동극 진행을 위해 동화의 내용을 완전히 이해하여 동화를 들려주는 것이 바람직하다.

(2) 회상하기

일반적으로 교사가 동화를 들려준 뒤 유아가 동화의 내용을 잘 이해했는지 확인하고 친구들과 다양한 감상의 느낌을 나누고자 회상하는 시간을 가진다. 추후 동극을 위해서는 동화 후 회상하기가 매우 중요하므로 동화를 듣고 난 직후에 등장인물과 대사를 중심으로 줄거리를 기억해보게 한다. 등장인물이 나온 순서대로 교사는 "맨 처음에 누가 나왔지?", "개구리 다음에는 누가 나왔지?"라고 물어보며 등장 순서를 되짚어보고, "개구리는 오리에게 뭐라고 말했지?"와 같이 대사를 기억하여 말할 수 있도록 도와준다. 유아들에게 "우리 다 같이 개구리가 되어 말해보자"와 같이 필요한 대사를 정확하게 말해보는 과정을 통하여 유아들은 자연스럽게 대사를 기억할 수 있게 된다.

(3) 무대 배경 및 소품 구성하기

연극이나 뮤지컬 등을 관람할 때 무대 배경, 소품, 음악 등 이야기 외적인 요소가 감상을 보다 풍부하게 해주는 것처럼 동극도 마찬가지로 교실 내 가능한 자원을 동원하여 유아들이 직접 무대를 구성하며 주도성과 성취감을 느낄 수 있다. 효율적인 동극의 진행을 위해 무대와 소품 등은 최대한 간단하게 준비하는 것이 바람직하다. 예를 들어 『야, 우리 기차에서 내려』로 동극을 하기 위해 교실의 의자를 줄지어 세워놓고 기차 칸으로 표현할 수 있다. 동화를 듣고 바로 무대를 구성한 뒤 동극을 이어나갈 수 있지만, 이럴 경우 전체 활동 시간이 지나치게 길어질 수 있고 무대와 소품 구성에 유아의 창의적 생각이 반영되기 어려우므로 놀이 시간을 활용하여 무대 구성할 시간을 마련할 수 있다. 놀이 시간 중에 유아가 직접 동극용 머리띠 제작, 무대 구성을 위해 종이벽돌블록 등 교실 내 놀잇감 활용하기 만들기, 필요한 소품을 교실에서 찾거나 유아가 만들어보기 등 주도적으로 참여할 수 있다.

(4) 배역 정하기

배역을 정할 때는 유아가 하고 싶은 배역과 유아의 발달 수준이나 평소 다른 유아들 앞에서 말하거나 공연하는 것을 즐겨했는지 등 유아의 특성을 고려하여 종합적으로 교사가 결정한다. 유아가 특정 역할을 맡고 싶어서 요청했으나 실제 공연이 시작되면 갑자기 하고 싶지 않다거나 여러 사람이 보는 앞에서 말하는 것을 부끄러워하기도 하므로 교사는 여러 측면을 살펴야 한다. 보통 첫 번째 공연은 그 역할을 잘 수행할 수 있는 유아들에게 기회를 주는데, 자칫 이러한 경향이 특정 유아만 첫 공연을 한다는 인식을 갖게 할 수 있으므로 교사는 신중하게 역할을 배정해야 한다. 동화를 듣다 보면 이야기의 구조나 갈등 상황, 등장인물의 매력도에 따라 인기 역할과 회피 역할로 구분되기 마련이다. 유아들이 하고 싶지 않은 역할부터 먼저 배역을 정해보거나, 해당 역할이 동극에서 매우 중요한 역할을 함을 다시 한 번 상기시켜주는 것도 좋은 방법이 될 수 있다. 반대로 인기 역할은 서로 맡고 싶다고 요청할 수 있으므로 재공연 시 역할을 맡을 수 있음을 알려주어 양보하게 하거나 이야기 흐름 상 무리가 없다면 2–3명이 동시에 해당 역할을 맡을 수도 있다. 동극 활동이 여러 번 진행되는 동안 지속적으로 배역을 맡기 싫어한다면 원인이 무엇인지 살피고 대사가 없는 역할부터 참여해볼 수 있도록 격려할 필요가 있다. 모든 유아를 배역에 참여시키기 위해 하기 싫어하는 유아를 억지로 동극하도록 참여시키는 것은 오히려 역효과가 날 수 있으므로 주의해야 한다. 또한 배역을 맡지 않더라도 무대, 소품, 음향, 분장, 운영 등 다양한 역할을 맡는 것도 중요하고 가치 있다는 것을 알려주는 것이 중요하다. 배역이

정해지면 동극용 머리띠나 목걸이 등 역할 표시를 하고 무대 앞으로 나와 "저는 * * 역할을 맡은 ○○○입니다."라고 자기소개를 한 뒤 등장인물 대기 장소에 가서 기다린다.

(5) 동극 하기

교사는 동극의 사회자 역할이자 관람하는 유아를 함께 살피기 위해 무대, 동극하는 유아, 대기하는 유아, 관람하는 유아가 모두 잘 보이는 위치에 자리를 잡고 앉는다.

교사는 극의 시작을 알리며 "지금부터 * * 반의 동극 ○○을 시작하겠습니다." 라고 말한다. 동극을 여러 번 진행하여 동극의 순서에 익숙해지면 유아들이 시작과 끝을 알릴 수 있다.

교사는 해설자 역할을 맡아 동극의 내용을 들려주면서 배역을 맡은 유아들이 순서대로 나와 대사를 할 수 있도록 도와주어야 한다. 해설 속에 배역의 동작, 동선, 대사 등을 포함하여 알려줄 수 있는데, 예를 들어 "강아지는 꼬리를 살랑살랑 흔들며 고양이 앞으로 지나갔어요."라고 말할 수 있다. 목소리가 너무 작거나 대사를 잊어버린 유아를 위해 "강아지는 큰 목소리로 '고양이야, 우리 엄마 못 봤니?'라고 말했어요."라고 대사를 알려주면, 유아는 교사의 말을 듣고 맡은 역할을 잘 수행할 수 있게 된다.

교사는 대기하는 유아들이 순서대로 무대로 나올 수 있도록 돕고, 관람하는 유아들도 바른 태도로 동극을 지켜보는지 수시로 살피며 전체적인 동극 진행을 이끈다.

동극이 끝나면 "이것으로 * * 반의 동극 ○○을 마치겠습니다."라고 말하여 동극의 종료를 알리고 동극에 참여한 유아들이 인사를 하면 관람하는 유아가 박수를 보내주는 것으로 마무리한다.

(6) 평가하기

평가를 할 때에는 배우의 입장과 관객의 입장에서 평가하는 것이 일반적이다. 재미있었던 것이나 다음 공연에서 또 해보고 싶은 점 등 긍정적인 측면을 먼저 평가하고 불편했거나 개선해야할 점을 나중에 평가하는 것이 바람직하다. 형식적이거나 정형화된 평가가 되지 않기 위해 교사는 유아가 구체적으로 평가할 수 있도록 질문하고 평가를 통해 재공연 시 반영될 수 있도록 한다.

(7) 재공연하기

유아교육현장에서 흔히 모든 유아들을 배역에 참여시키고자 첫 번째 동극 후 이어서 2차 공연, 3차 공연으로 연달아 동극하는 경우가 있다. 이러한 경우 유아가 대집단활동에 지나치게 오래 참여하여 점차 집중력이 떨어지고 흥미를 잃는 것이 일반적이므로 1차 공연 직후 연이어서 재공연을 하기 보다는 다른 활동 및 놀이 이후에 다시 재공연을 하거나 다음 날, 며칠 후에도 재공연을 반복해서 할 수 있다. 재공연을 하면 무대 배경 및 소품이 더욱 풍성해지거나 유아들이 대사를 재미있게 변형하는 등 새로운 요소들이 덧붙여져 보다 창의적인 동극이 완성된다.

(8) 동극 활동의 예

앞서 살펴본 동극 활동 운영의 7가지 단계는 교사가 어떻게 시간을 안배하고 운영하는지에 따라 도입, 전개, 마무리의 구성이 달라질 수 있다. 7가지 단계가 하나의 동극 활동 속 도입, 전개, 마무리에 모두 담길 수도 있고, 여러 날에 걸쳐 진행될 수도 있다.

다음은 동화를 사전에 미리 듣고 나서, 동극 활동을 진행한 사례로 도입에서는 동화 내용을 회상하고, 전개에서는 자유놀이 시간에 미리 구성한 무대 및 소품을 확인하고 배역을 정한 뒤 동극을 하였다. 마무리 단계에서 평가와 재공연을 위해 수정할 점 등을 살펴보았다.

① 동극 활동 계획안

활동명	동극『곤충 호텔』		
활동유형	대집단 동극 활동	활동연령	5세
활동목표	동화를 듣고 등장인물과 이야기 속 상황을 이해하며 기억할 수 있다. 동화 속 대사를 말과 행동으로 표현할 수 있다. 친구들과 동극에 즐겁게 참여한다.		
누리과정 관련요소	의사소통 〉 듣기와 말하기 〉 말이나 이야기를 관심있게 듣는다. 의사소통 〉 듣기와 말하기 〉 바른 태도로 듣고 말한다. 예술경험 〉 창의적으로 표현하기 〉 극놀이로 경험이나 이야기를 표현한다.		
활동자료	동극 소품: 먼지털이, 등장인물 머리띠, 나비 날개 동극 배경: 곤충들의 방 기타: 배경음악, 교사용 동극 대본		
활동내용			유의점
도입	• 동화 내용 회상하기 – 아침에 '곤충 호텔' 동화 들었던 것을 기억하나요? – 솔잎반 어린이들이 동화를 듣고, 동화 속 주인공이 되어보고 싶다고 해서 동극을 해보려고 해요. – 동화 속에서 어떤 곤충이 나왔었지요?		*테이블동화 자료 준비
전개	• 무대 배경 및 소품 소개하기 – 자유 놀이 시간에 친구들과 함께 꾸민 무대와 배경을 소개해주세요. – 등장인물 머리띠와 소품을 만들어준 어린이 소개해주세요. • 동극 진행 시 주의할 점 알아보기 – 동극을 하는 유아들은 친구들이 잘 볼 수 있는 위치에서 잘 들리도록 말하기 – 관람하는 유아들은 바른 태도로 동극하는 유아 지켜보기 • 배역 정하기 – 무무 역할을 하고 싶은 어린이 있나요? – OO이도 하늘소 역할을 하고 싶었군요. 2차 동극 때 해 볼 수 있으니까 그 때 하늘소 역할을 해보는 것은 어떨까요?		*무대 배경 및 소품 준비하기 *대기하는 유아 자리 마련하기

	활동내용	유의점
전개	-동극 역할을 맡은 어린이들은 앞으로 나와서 머리띠를 하고 “저는 무슨 역할을 맡은 누구입니다.”라고 자기소개를 해 주세요. • 동극 하기 -지금부터 솔잎반의 ‘곤충호텔’ 동극을 시작하겠습니다. -이상으로 솔잎반의 ‘곤충호텔’ 동극을 마치겠습니다. -멋진 공연을 보여준 친구들에게 큰 박수를 보내주세요.	
마무리	• 평가하기 -동극을 해보았는데 어떠한 점이 가장 재미있었나요? -관람 약속이 잘 지켜졌나요? • 재공연에 대해 이야기 나누기 -바깥놀이를 다녀온 후에 2차 동극을 해보려고 합니다. -혹시 바꾸고 싶은 점이 있으면 이야기해보세요. -활동을 마무리하고 다음 시간 안내하기	* 유아들이 생각과 느낌을 자유롭게 표현할 수 있도록 상호작용한다.

[더 알아보기] 동극

출처: https://youtu.be/ePa3IZ-gLMI?si=YjmDYWEU3V-2RRwW

야, 비온다 / 이상교 글 / 이성표 그림 / 보림, 2022

3세 유아들이 그림책『야, 비온다』를 듣고 직접 참여한 동극 활동의 실제 사례를 살펴볼 수 있습니다. 이 실제 사례를 통해 유아 동극 활동의 과정과 의미를 깊이 이해하고, 교육 현장에서 이를 적용할 수 있는 방법에 대해 생각해 봅시다.

출처: 서울특별시유아교육진흥원(2023). 유아언어교육활동_동극. (https://youtu.be/ePa3IZ-gLMI?si=YjmDYWEU3V-2RRwW)

3 동시 활동

동시는 어린이들에게 친숙한 주제나 경험을 바탕으로, 함축적이고 간결한 언어를 통해 표현된 문학적 형식이다(이정환, 김희진, 2013). 유아들은 동시 활동을 통해 리듬과 운율을 즐기며 언어감각 및 어휘력을 발달시켜 나간다. 동시를 듣고 낭송하며, 이를 바탕으로 다양한 동작이나 표현을 함께 나누는 과정은 유아들의 정서적 표현력과 상상력을 자극한다. 또한 동시를 창작하거나 변형해보는 활동을 통해 문학을 단순히 감상하는 것을 넘어, 자유롭게 문학적 표현을 탐구하며 자기 생각을 창의적으로 표현하는 기회를 갖는다. 이러한 활동은 유아들에게 언어의 아름다움을 발견하고 느끼도록 하며, 창작의 즐거움을 만끽하게 한다.

1) 동시 활동의 준비

교사는 동시를 선택할 때, 다음을 기준을 고려할 수 있다(이정환, 김희진, 2013).

- 유아들이 이해할 수 있는 시
- 유아들의 생활 체험이 녹아 있는 시
- 리듬과 운율이 살아있는 시
- 독창적인 아이디어가 들어 있는 시
- 움직임이 들어있는 시
- 감각적이고 심상이 뚜렷한 시
- 유머가 있는 시

즉, 동시는 반복적이고 리듬감 있는 문장 구조를 가지며, 유아들의 일상 경험과 관련된 주제를 다루고, 짧고 이해하기 쉬운 내용을 포함해야 한다. 이러한 기준을 바탕으로 동시를 준비 하면 유아들이 동시 활동에 더 쉽게 몰입하고 즐길 수 있다.

〈표 9-3〉 동시 활동에 활용하기 좋은 동시집

책 정보	내용
 마음이 예뻐지는 동시, 따라 쓰는 꽃 동시 / 이상교 글·그림 / 어린이나무생각, 2020	꽃을 주제로 한 동시와 아름다운 꽃 그림이 어우러져 동시를 감상할 수 있는 동시집임. 따라 쓰기 활동이 포함되어 있어, 어린이들이 동시를 직접 써보며 창의력을 키울 기회를 제공함.

책 정보	내용
 꽃마중 / 김미혜 글 / 이해경 그림 / 미세기, 2024	우리나라의 다양한 꽃들을 어린이의 눈높이에서 표현한 동시 그림책임. 배꽃, 동백꽃, 진달래, 개망초 등 친숙한 꽃들을 소재로 한 동시가 담겨 있으며, 그림과 함께 감상하여 어린이들의 상상력과 감성을 자극할 수 있음.
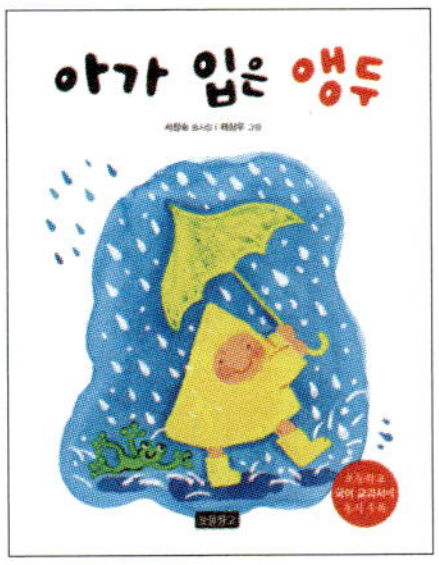 아가 입은 앵두 / 서정숙 글 / 채상우 그림 / 보물창고, 2013	일상적인 소재를 어린이의 눈높이에 맞춰 풀어낸 동시들로 구성된 동시집임. 따뜻하고 재미있는 그림이 함께 어우러져 유아들이 쉽게 공감하고 이해할 수 있는 작품들로 가득함.
 올해의 좋은 동시 2024 / 권기덕 외 글 / 배도하 그림 / 상상, 2024	2024년에 선정된 우수 동시들을 모아놓은 동시집으로, 여러 시인들의 다양한 스타일과 주제의 작품들을 만날 수 있음. 선정 과정에서 추천된 40편 중 다수의 추천을 받은 50편과 추가로 선정된 작품들이 포함되어 있어 동시의 질적 수준이 높음.

교사는 다양한 동시를 미리 수집하고 정리하여 주제나 상황에 맞는 동시를 선택해 유아들에게 들려줄 수 있다(이정환, 김희진, 2013). 동시는 실물을 활용하거나 그림 자료, 이야기 자료 등을 제작해 전달할 수 있으며, 자료 없이 교사가 직

접 낭송하기도 한다. 실물은 동시의 내용을 직관적으로 이해하도록 돕고, 이야기 자료나 그림 자료는 시각적, 청각적 경험을 풍부하게 한다.

또한, 동시 활동에 배경음악을 활용하면 유아들이 더욱 몰입하고 동시의 분위기를 느낄 수 있다. 동시의 주제나 감정에 맞는 잔잔한 음악이나 리듬감 있는 곡을 배경으로 사용하면 유아들이 정서적으로 안정감을 느끼고, 리듬과 운율을 자연스럽게 경험하도록 돕는다. 결론적으로, 교사는 동시의 특성과 유아의 상황에 맞는 전달 방법과 매체를 선택하고, 필요에 따라 배경음악을 활용해 동시 활동을 진행하며, 이를 통해 유아들이 동시를 즐기며 문학적 경험을 풍부하게 할 수 있다.

2) 동시 활동의 운영

동시 활동의 운영은 유아들이 동시를 통해 다양한 감각을 활용하고 운율을 느끼며 언어적 감각을 키울 수 있도록 돕는 과정이다. 짧고 간결한 동시를 즐기며 풍부한 문학적 경험을 제공하기 위해 도입, 전개, 마무리의 순서로 구성할 수 있다. 이 과정에서 유아들이 동시와 상호작용하며 감성과 창의적인 표현을 경험하도록 지원한다.

각 단계를 자세히 살펴보면 다음과 같다.

(1) 도입

동시를 들려주기 전, 동시의 주제, 소재, 내용 등을 유아들이 이해하고 공감할 수 있도록 간단히 소개하거나 관련된 경험을 떠올리게 하는 시간을 가질 수 있다. 또 동시에 사용된 어휘, 반복적인 구절이나 리듬감 있는 표현을 간단히 알려주어 활동의 기대감을 높일 수도 있다. 유아들에게 익숙한 소재를 활용해 실물이나 시각 자료를 보여주어 동시의 내용을 자연스럽게 연결해 볼 수도 있다.

다만, 이러한 도입 과정은 간결하게 진행하며 주의집중을 유지하는 것이 중요하다. 경우에 따라 별도의 준비 과정 없이 동시를 바로 낭송하거나 들려주는 방식으로 시작하는 것도 충분히 효과적이다.

(2) 전개

전개 단계에는 유아들이 동시의 리듬과 언어적 아름다움을 느낄 수 있도록 돕는 과정이다. 먼저 동시의 제모고가 지은이를 소개하여 유아들이 동시에 대한 흥미를 가질 수 있도록 한다. 그런 다음, 교사가 유아들이 동시의 내용을 자연스럽게 느낄 수 있도록 동시를 낭송한다. 이 때 교사는 알맞은 억양과 속도를 고려해야 하며, 어색하거나 과장된 표현을 피하고 동시의 분위기를 자연스럽게 전달해야 한다. 배경음악은 필수적인 요소는 아니지만, 동시의 전달을 더욱 풍부하게 할 수 있는 수단으로 활용할 수 있다. 동시의 내용과 어울리는 잔잔한 음악이나 리듬감 있는 배경음을 준비하면 유아들이 동시에 몰입하고 정서를 느끼는 데 도움을 줄 수 있다. 그러나 배경음악 재생이 미숙하거나 음악이 동시의 분위기와 어울리지 않으면 오히려 유아들의 주의집중에 방해가 될 수 있으므로 신중하게 준비하고 활용해야 한다.

교사가 전체 동시를 낭송한 후, 유아들과 함께 나누어 낭송해보도록 진행할 수 있다. 이때 쉬운 부분은 유아들이, 난이도가 높은 부분이나 변형된 표현이 많은 부분은 교사가 낭송하는 방식으로 진행한다. 교사가 동시의 특성에 맞는 낭송 방식을 제안하거나, 유아들이 스스로 낭송 방법을 제안하도록 하여 참여를 유도할 수 있다.

이러한 과정을 통해 동시가 익숙해지면 모든 유아가 함께 동시를 낭송하며 리듬과 운율을 몸으로 느낄 수 있도록 한다. 또한, 낭송을 하며 특정 단어에서 손뼉치기, 발구르기, 율동처럼 몸짐하기, 한 단어만 소리 내지 않기 등 신체의 움직임이나 새로운 방식의 낭송을 도입하여 동시를 다채롭게 경험할 수 있도록 한다. 이러한 활동은 유아들이 동시를 더 흥미롭게 느끼고, 언어적 리듬과 감각을 자연스럽게 체험하도록 돕는다.

이 단계는 유아들이 동시의 언어적 특징과 정서를 깊이 경험하며, 자신의 목소리와 표현으로 동시를 재해석할 기회를 제공하는 데 초점을 맞춘다. 이를 통해 유아들은 동시를 즐기고, 창의적이고 감각적인 표현을 자연스럽게 익힐 수 있다.

(3) 마무리

마무리 단계에서는 유아들과 함께 동시를 낭송하며 느낀 감정이나 재미있었던 표현에 대해 간단히 이야기한다. 유아들은 이 시간을 통해 동시의 내용을 되새기고, 자신만의 감각으로 경험을 정리하며 창의적인 생각을 공유할 기회를 얻는다. 이러한 이야기 나누기는 부담스럽지 않게 짧고 간결하게 진행하며, 유아들의 자연스러운 참여를 유도한다.

동시 활동이 한 번의 시간 안에 완전히 마무리될 필요는 없다. 유아들이 동시의 아름다움을 더 오래 느낄 수 있도록 다른 시간대나 상황에서도 동시를 활용할 수 있다. 예를 들어, 새로운 활동으로 넘어가기 전 간단히 낭송하거나, 귀가 전 짧게 다시 낭송하며 동시를 일상 속에서 자연스럽게 접하게 할 수 있다.

또한, 유아들이 동시에 대해 흥미를 보인다면 사후 활동으로 동시의 내용을 확장하거나 변형하는 창의적인 활동을 진행할 수 있다.

- 리듬과 표현 바꿔보기: 동시의 리듬을 변형하거나 새로운 억양으로 낭송하며 색다른 느낌을 발견하기
- 동시 부분 짓기: 기존 동시의 일부분을 바꾸어 개작하기
- 동시 창작하기: 동시의 형식을 참고하여 유아들이 스스로 주제를 정하고 새로운 동시를 지어보기
- 몸으로 표현하기: 동시의 특정 표현을 신체 움직임으로 나타내며 언어를 감각적으로 경험하기
- 미술 활동과 결합하기: 동시의 내용을 그림, 종이접기 등으로 표현하며 자신만의 해석을 담기
- 음악 활동과 통합하기: 동시를 노래처럼 부르거나, 배경음악을 추가해 새로운 형태로 동시를 즐기기

이처럼 동시 활동은 한 번의 활동으로 끝나는 것이 아니라, 반복적으로 유아들의 일상 속에서 자연스럽게 경험될 수 있다. 이러한 과정을 통해 유아들은 동시의 아름다움과 언어적 감각을 더욱 깊이 느끼며, 창의적이고 감각적인 사고를 키워 나갈 수 있다.

(4) 동시 활동의 예

<table>
<tr><th>활동명</th><td colspan="3">동시 〈가을이 오는 소리를 느껴요〉</td></tr>
<tr><th>활동유형</th><td>대집단 동시 활동</td><th>활동연령</th><td>4세</td></tr>
<tr><th>활동목표</th><td colspan="3">• 가을 계절의 특징을 안다.
• 가을의 변화를 다양한 의성어와 의태어로 표현한다.
• 동시 활동에 적극적으로 참여한다.</td></tr>
<tr><th>누리과정
관련요소</th><td colspan="3">• 자연탐구 〉 자연과 더불어 생활하기 〉 날씨와 계절의 변화를 생활과 관련짓는다.
• 의사소통 〉 책과 이야기 즐기기 〉 동화, 동시에서 말의 재미를 느낀다.
• 의사소통 〉 듣기와 말하기 〉 바른 태도로 듣고 말한다.</td></tr>
<tr><th>활동자료</th><td colspan="3">동시자료, 배경음악

가을이 오는 소리
이지영

살랑살랑 바람부는 소리
가을이 오는 소리

떼구르르 도토리 소리
가을이 오는 소리

바스락 바스락 낙엽 밟는 소리
가을이 오는 소리</td></tr>
<tr><th colspan="3">활동내용</th><th>유의점</th></tr>
<tr><th>도입</th><td colspan="2">• 수수께끼로 흥미 유발하기
- 이것은 다람쥐가 좋아하는 가을 열매입니다. 무엇일까요?
- 도토리와 낙엽이 나오는 동시를 들어볼 거예요.</td><td>* 수수께끼 자료 준비</td></tr>
</table>

	활동내용	유의점
전개	• 교사가 동시 낭송하기 -동시 낭송하기 -동시 내용에 대해 가을 계절의 특성과 연관하여 이야기 나누기 -의성어와 의태어(살랑살랑, 떼구르르, 바스락 바스락)에 대해 이야기 나누기 • 유아가 동시 부분 낭송하기 -반복되는 부분 '가을이 오는 소리'를 유아가 낭송해보기 -교사와 유아, 유아와 유아가 동시의 부분을 나누어 낭송해보기 -반복되는 부분에 동작을 넣거나, 의성어와 의태어 부분에 적절하게 표현하면서 낭송하기 • 동시 전체 낭송하기 -배경음악과 함께 낭송해보기 -동시의 일부분 개작하여 낭송해보기	* 동시 자료, 배경음악 준비하기
마무리	• 평가하기 -동시의 내용에서 재미있었던 점 이야기 나누기 -동시 활동, 감상 태도와 낭송 태도에 대해 평가하기 -활동을 마무리하고 다음 시간 안내하기	* 유아들이 생각과 느낌을 자유롭게 표현할 수 있도록 상호작용한다.

활동해 봅시다

다음의 영상을 통해 동시 활동의 전반적인 과정과 지도 방법을 살펴보세요.
그리고 동시 선정 및 낭송 연습을 통해 실제 동시 수업을 준비해 보세요.

1. 동시 선정
   - 유아의 발달 수준과 흥미에 맞는 동시를 선택합니다.
   - 선정한 동시의 주제, 리듬, 운율, 어휘 등을 분석하여 교육적 가치를 파악합니다.

2. 낭송 연습
   - 알맞은 억양과 속도로 동시를 낭송하며, 동시의 분위기와 감정을 표현하는 연습을 합니다.
   - 동시의 리듬과 운율을 살려 유아들이 흥미를 느낄 수 있도록 연습합니다.

출처: 서울특별시유아교육진흥원(2023). 유아언어교육활동_동시. (https://youtu.be/MZ_F8F1barI?feature=shared)

Chapter 10

유아문학교육의 실제

✻ 학습 주제

유아문학교육의 실제

✻ 학습 목표

놀이중심 교육과정 속 유아문학 실천의 의미를 이해한다.

유아문학을 통한 놀이 지원 방법을 알고 적용할 수 있다.

✻ 들어가는 말

유아가 중심이 되는, 놀이 중심 교육과정 실행을 위해 유아문학을 통한 놀이를 지원방법을 이해하는 것이 중요합니다. 이에 본 장에서는 유아교육현장에서 유아문학을 통한 놀이 지원의 실제에 대해 살펴보겠습니다.

유아는 놀이를 통해 세상을 배우며 성장해간다. 국가수준 교육과정에서도 유아 주도적인 놀이 속 배움 지원의 중요성이 강조되고 있다. 유아문학은 재미와 즐거움, 비실제성, 긍정적 정서 강화 등과 같이 놀이와 공동점이 많기 때문에, 유아 놀이 지원 매체로 가치가 크다(김민진, 2024). 따라서 교사는 유아문학을 통해 놀이를 지원하기 위해, 유아가 그림책 읽기 자체를 즐거운 놀이로 경험할 수 있도록 격려하고, 필요한 놀이 자료 및 공간을 제공할 수 있어야 한다. 본 장에서는 놀이 중심 교육과정에서 놀이와 통합된 유아문학교육을 실천하기 위하여 실제 현장 사례를 살펴보고자 한다.

장수탕 선녀님으로 놀이하기

놀이의 흐름 따라가기

목욕탕에 대해 관심가지기	장수탕 선녀님 동화 듣기	우리반 목욕탕 구성하여 놀기	모두가 함께하는 공동목욕탕 구성하여 놀기	책 속 한 장면 따라하기	장수탕 선녀님 동화책 재구성하기
주말에 목욕탕을 다녀온 친구의 이야기로 시작된 유아의 흥미	유아들의 목욕탕에 대한 흥미와 관심을 확장해 주기 위해 동화책 제공	책 속 장면처럼 교실에 장수탕을 구성하고 목욕탕 놀이가 시작	공유 공간에 모두가 사용하는 목욕탕을 만들고 책 속의 장면처럼 목욕탕 놀이하기	책 속에 나오는 등장인물들의 모습과 표정을 따라하기	동화의 장면마다 우리가 주인공이 되어 표현한 사진으로 동화책 재구성하기

시작 배경

주말이 지난 월요일 목욕탕을 다녀온 유아가 넓은 수영장이랑 비슷하지만 뜨거운 곳과 차가운 곳이 있고, 엄마가 때를 밀어주면 많이 아프지만 그거 빼고는 재밌는 곳이라는 소개에 학급 유아들이 '목욕탕'이 무엇인지 궁금해 하기 시작한다.

놀이 전개 흐름

1. 우리 반 목욕탕 구성하기

주말 지낸 이야기로 시작된 목욕탕에 대한 유아들의 관심과 흥미를 지원하기 위해 교사는 백희나 작가의 『장수탕 선녀님』(백희나 글 · 그림) 그림책을 제공한다. 유아들은 그림책 속의 목욕탕에 흥미를 보이며 우리 반 목욕탕을 만들고 싶어 한다. 이에 교사는 다양한 목욕탕 사진 및 목욕 장면 사진 등을 제공하고, 목욕탕 구성을 위한 다양한 자료를 지원한다.

<table>
<tr><td>
블록으로 구성한 우리반 목욕탕에서
놀이하는 유아들</td><td>『장수탕 선녀님』 속 탕의 모습을 교실에서도 재연하고 싶어 한 유아들이 블록으로 목욕탕을 구성한다. 교사는 목욕탕의 물로 사용할 폼포미를 제공하였고, 유아들은 동화책 속 장면처럼 폼포미를 물로 인식하고 몸에 뿌리거나 서로 물장구 치듯이 대야에 담아 뿌리며 놀이한다.</td></tr>
<tr><td>
솜을 이용해 샴푸의 거품처럼 생각하고
머리감는 놀이를 하는 유아들</td><td>유아들이 그림책 속 머리를 감을 때 샴푸에서 생기는 거품에 관심을 보여 솜을 제공하였고 머리 감는 놀이가 시작된다.</td></tr>
<tr><td>
동화 책 속 장면 그대로 목욕탕을 구성하고 각자
솜으로 머리감으며 목욕탕놀이를 하는 유아들</td><td>그림책 속 장면처럼 목욕탕에 샤워시설을 설치하고 싶어 하는 유아들의 요구로 거울을 부착하고 목욕탕 타일무늬를 프린트하여 벽면에 부착해주었다. 유아들은 그림책 속 주인공처럼 자리에 앉아 거울을 보며 솜으로 머리 감는 놀이를 한다.</td></tr>
</table>

그림책 속에 나오는 장면처럼 유아들은 우리 반 목욕탕이 아니라 다 같이 사용할 수 있는 목욕탕을 원해, 다른 반 친구들도 함께 목욕탕 놀이를 할 수 있도록 공유공간에 큰 목욕탕을 만드는 놀이가 시작된다. 놀이가 시작된 후 유아들은 그림책 속 장면을 묘사하며 놀이하기 시작한다.

공유공간에 구성한 공동목욕탕

목욕탕 매표소에서 표를 사는 유아

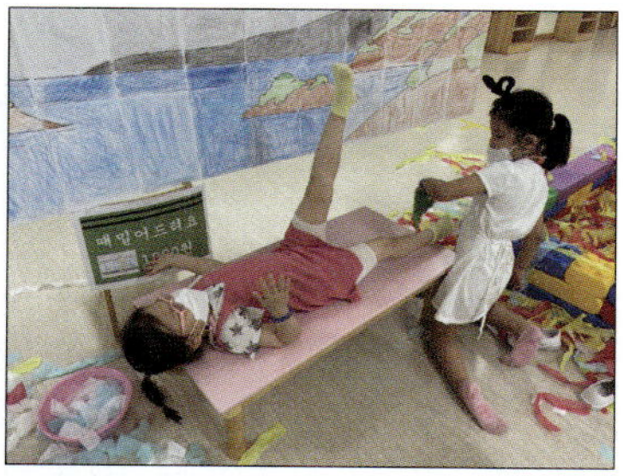

목욕탕에서 때미는 놀이하는 유아

4세 학급의 공유 홀에 그림책 속 장면처럼 목욕탕 입구와 대밀이 장소 등을 구성하여 모두가 함께 사용하는 목욕탕을 완성한다.
그림책 속 주인공인 '덕지'가 나오는 책의 장면처럼 매표소에서 표사기, 때밀기 등 동화속의 장면과 유사한 놀이가 시작된다.

교사의 놀이 이해 및 지원하기
• 해석하기 - 목욕탕이라는 소재의 특성을 발견하며 우리만의 목욕탕을 구성하며 필요한 자료가 무엇인지 찾아보고 교사에게 요구한다. - 그림책 속 머리 감는 장면에 대해 관심을 많이 보이며 비슷한 장면이 연출될 수 있는 방법을 논의한다. • 고민하기 - 유아들의 일상생활에서 연결된 놀이가 그림책에 대한 관심으로 확장되었고, 이를 놀이로 잘 연결하였으나 이러한 놀이를 어떻게 언어적인 활동으로 연결할 수 있을까?

교사의 놀이 이해 및 지원하기
• 지원하기 - 교사는 그림책에 대한 관심이 놀이로 확장될 수 있도록 다양한 형태로 그림책을 듣고 읽어 보도록 하였다. 또한 교실과 공유공간에서 놀이가 확장되어 진행될 수 있도록 공간을 구성하고 놀이 자료를 지원한다. · 빅블록으로 구성한 목욕탕에 폼포미(택배충전재)를 제공하고 목욕탕 대야를 제공. · 백업으로 만든 샤워기, 목욕탕 타일 프린트, 거울, 샤워거치대, 목욕탕 의자, 솜(샴푸거품을 표현).
누리과정 관련 요소
• 의사소통: 듣기와 말하기 〉 말이나 이야기를 관심있게 듣는다. 읽기와 쓰기에 관심가지기 〉 자신의 생각을 글자와 비슷한 형태로 표현한다. 책과 이야기 즐기기 〉 책에 관심을 가지고 상상하기를 즐긴다. 말놀이와 이야기 짓기를 즐긴다. • 사회관계: 사회에 관심가지기〉 내가 살고 있는 곳에 대해 궁금한 것을 알아본다.

2. 우리 반의 장수탕 선녀님 그림책 재구성하기

교사가 먼저 장수탕 선녀님 뮤지컬을 감상하고 이를 유아들에게 소개한다. 주말동안 뮤지컬을 관람하고 온 유아들이 자신이 본 뮤지컬 내용을 소개하며 각 장면에 대한 유아들의 관심이 증가된다.

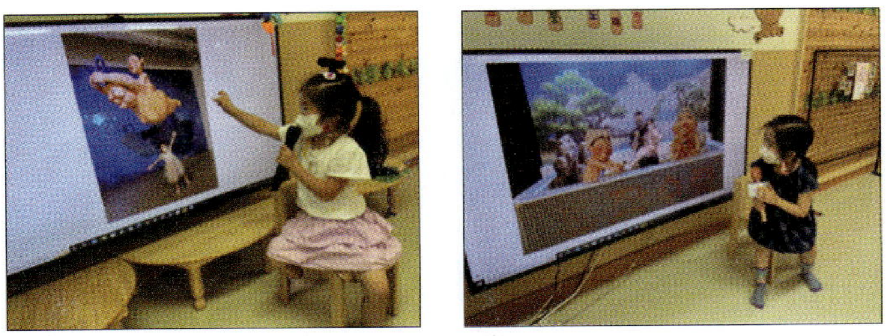

자신이 보고 온 뮤지컬을 소개하며 장면을 설명하는 유아들

장면에 대한 유아들의 관심이 그림책 표지로 모아져, 교사가 그림책 표지를 재구성하는 독후활동을 제시하게 된다. 이에 그림책의 표지를 재구성해보며 선녀님의 표정에 흥미가 생긴 유아들은 등장인물의 표정과 장면을 따라 하는 놀이를 시작한다.

장수탕 선녀님
요구룽 먹을 때 표정

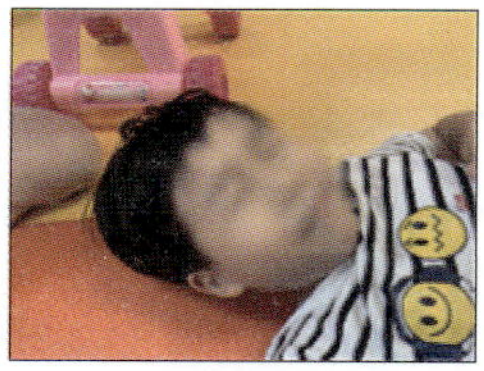

열이 나 아픈 덕지

덕지와 선녀님의 물장구치기

자신이 보고 온 뮤지컬을 소개하며 장면을 설명하는 유아들

그림책 속 등장인물의 표정과 장면을 따라하는 흥미가 지속되며 유아들이 원하는 장면의 주인공이 되어 직접 표정과 행동을 하고, 원하는 대사를 넣는 '우리 반 장수탕 선녀님 그림책만들기' 놀이가 시작된다. 이후 자기들이 주인공이 되어 묘사한 우리 반 그림책을 즐겁게 읽어보며 책을 만드는 과정에 관심을 가지게 된다.

그림책 속 장면 중 유아들이 원하는 장면을 선택하여 그대로 표현한 모습

우리가 만든 장수탕 선녀님 그림책을 감상하는 유아들

교사의 놀이 이해 및 지원하기
• 해석하기 –목욕탕 놀이로만 마무리될 수 있었던 놀이를 그림책과 관련된 뮤지컬 소개와 그림책 표지 그리기 등의 독후활동을 통해 우리만의 그림책을 만들어 내는데 흥미와 재미를 느끼다. –유아별로 원하는 그림책의 장면을 선택하여 동화의 내용과 어울리도록 자신만의 방식으로 표현해보며 함께 만드는 우리 반 그림책에 재미를 느낀다. • 고민하기 –단순하게 그림책의 장면을 그대로 연출하는데 그치지 않고 유아들이 직접 그림책의 한 장면을 창의적으로 표현하고 이야기 짓도록 확장하는 지원 방법은 무엇이 있을까? • 지원하기 –처음 그림책을 만들어보는 유아들이 자칫 그림과 글씨 쓰기로 흥미를 잃지 않도록 흥미가 있는 동화의 한 장면을 재연하며 사진으로 표현하고 이를 동화의 배경화면에 교사가 삽입하여 책으로 출판할 수 있도록 지원하다.

누리과정 관련 요소
• 사회관계: 사회에 관심가지기〉 내가 살고 있는 곳에 대해 궁금한 것을 알아본다. 의사소통: 듣기와 말하기〉 자신의 경험, 느낌, 생각을 말한다. 읽기와 쓰기에 관심가지기 〉 자신의 생각을 글자와 비슷한 형태로 표현한다. 책과 이야기 즐기기 〉 말놀이와 이야기 짓기를 즐긴다. • 예술경험: 창의적으로 표현하기 〉 극놀이로 경험이나 이야기를 표현한다. 예술감상하기 〉 다양한 예술을 감상하며 상상하기를 즐긴다.

아라도서관 놀이이야기

놀이의 흐름 따라가기

책 놀이터에서 책보기 → 내가 좋아하는 그림책 소개하기 → 그림책 표지에 관심 갖기 → 책제목 연결해 이야기 짓기 → 아라도서관 구성해 놀이하기 → 우리가 만든 책 출판하기

시작 배경

『김치특공대』(최재숙 글, 김이조 그림) 그림책을 이용한 동극을 해보며 재미있는 책 찾기에 흥미가 생긴 유아들은 내가 찾은 재미있는 책을 친구들에게 소개하는데 관심을 갖는다. 그러다 유아들은 책의 제목만으로도 이야기가 된다는 사실을 알게 되면서, 책 제목으로 이야기 짓기 놀이가 시작된다. 책 제목에 대한 관심은 책표지 그리기로 이어지고 책에 대한 흥미가 높아진 유아들은 도서관 놀이를 시작한다.

놀이 전개 흐름

1. 재미있는 그림책표지 놀이에서 시작된 도서관 놀이

내가 좋아하는 책을 소개하기 위해 평소와 다르게 책 놀이터에서 신중하게 책을 고른다. 책을 소개하기 위해 제일 먼저 책 제목을 소개하는 유아들은 우연히 책 제목과 제목을 연결해 이야기가 된다는 사실을 발견하고 재미있는 이야기 짓기를 위한 책 선택을 시작한다.

책놀이터에서 재미있는 책을 찾는 유아들

내가 고른 책을 소개하는 유아

"선생님, 이거 봐요. 반짝반짝 날아올라 숲으로 간 코끼리래요."

"선생님~ 당근유치원인데 유치원이 없어졌어요."

책의 제목을 연결해 이야기를 짓는 유아들

그림책 제목에 대한 흥미는 책에 대한 관심으로 이어져 교사는 도서관에 대해 소개하였고, 유아들은 공유공간에 우리들의 도서관을 구성해보기로 한다. 도서관을 구성하면서 사서의 역할, 책의 대출과 반납에 대해 알아보고 필요한 자료를 이용해 구성한다.

아라도서관은 누워서도 책을 볼 수 있어요.
유아들이 구성한 도서관 전경

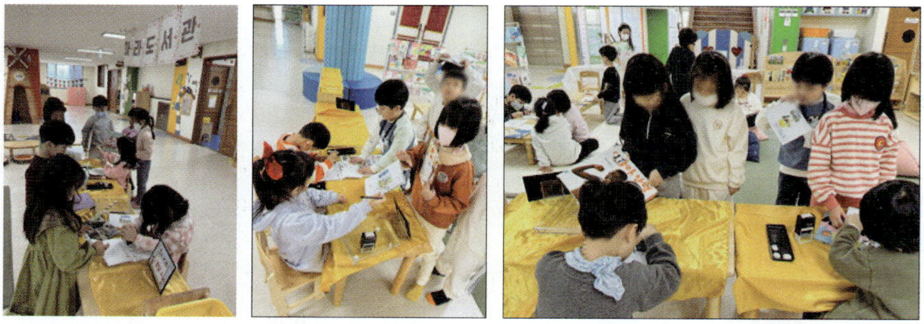

"책을 빌리고 싶은 사람은 이쪽에 줄을 서."
"독서통장을 줘야지. 오늘 빌린 날짜 도장을 찍게."

"다 읽은 책이야? 여기에 반납하면 돼"

책의 반납과 대출을 해보며 도서관 놀이를 하는 유아들

책만 읽는 도서관이 아니라 책으로 재미있게 놀이하는 도서관을 만들고 싶어 하는 유아들의 의견이 모아져, 책표지 그리는 코너, 책으로 미로나 탑을 쌓는 코너도 함께 구성하여 놀이한다. 책으로 미로를 만들 때 유아들은 책 표지의 그림을 이용해 미로의 조건을 만들거나 단순 탑 쌓기 놀이에서 그림책 표지의 주인공을 위한 탑 쌓기 놀이로 변화한다.

"책으로 미로를 만들자."
"책을 약간 벌려야 잘 서 있어."
"이쪽에 더 어렵게 만들려면 책이 더 필요해."
"'오즈의 마법사' 책 앞에서는 마음대로 갈 수 있다고 하자."

"미로를 무너뜨리면 안돼."
"어? 여기에 '마지막 늑대' 책을 놓고 여기는 함정이라고 하자."

"여기 '행복한 왕자' 책을 옆으로 벌려서 쌓아."
"왕자 옆에 공주가 있어야 돼."
"그럼 공주 책 찾아와."
"우리 그럼 여기 공주와 왕자가 사는 탑이라고 할까?"
"그럼 맨 위에 '신데렐라' 책을 올려놓자."

우리들이 만든
공주와 왕자가 사는 탑

책으로 놀아요 코너에서 책 미로와 책으로 만든 탑쌓기를 하는 유아들

교사의 놀이 이해 및 지원하기
• 해석하기 - 책의 제목을 이어 새로운 이야기 짓기에 대한 유아들의 흥미가 높아지며 도서관에 대한 정보를 통해 도서관 놀이가 시작된다. - 도서관의 역할에 대해 알아보고 필요한 자료를 이용해 도서관을 구성한 유아들은 책표지를 그려 전시하거나 책을 이용해 다양한 놀이를 하며 책에 대한 흥미를 이어간다. - 책으로 재미있게 놀이하는 도서관 코너를 운영하며 유아들은 다양한 책의 제목과 표지를 살펴보고 같은 제목의 책을 찾아보기도 하며 책에 대한 흥미가 지속된다.

교사의 놀이 이해 및 지원하기
• 고민하기 - 책으로 미로 놀이하거나 탑을 쌓는 놀이가 책을 스스로 읽고, 이야기 듣기를 즐기는 흥미와 관심으로 이어질 수 있도록 어떻게 지원할 수 있을까? • 지원하기 - 다양한 책을 살펴보며 내가 책을 좋아하는 이유를 소개하고, 책의 제목으로 이야기 짓기를 해보며 책에 대한 관심이 높아지도록 지원하다. - 유아들의 책에 대한 관심이 놀이로 확장될 수 있도록 자료를 제공하고, 유아들이 스스로 계획하여 공간을 구성하도록 기자재를 지원하다. - 책 표지에 관심이 있는 유아들이 책표지를 다시 그려보며 관심을 가질 수 있도록 다양한 그리기 도구를 제공하고 작은 책으로 미로와 탑 쌓기 놀이를 하며 책에 흥미를 가질 수 있도록 책의 표지를 읽어주며 언어적으로 지원하다.
누리과정 관련 요소
• 의사소통: 듣기와 말하기 〉 자신의 경험, 느낌, 생각을 말한다. 읽기와 쓰기에 관심가지기 〉 주변의 상징, 글자 등의 읽기에 관심을 가진다. 책과 이야기 즐기기 〉 책에 관심을 가지고 상상하기를 즐긴다. • 사회관계: 더불어 생활하기〉 친구와 서로 도우며 사이좋게 지낸다. • 예술경험: 창의적으로 표현하기〉 다양한 미술 재료와 도구로 자신의 생각과 느낌을 표현한다. 창의적으로 표현하기 〉 극놀이로 경험이나 이야기를 표현한다.

2. 도서관 놀이, 그림책 출판으로 이어지다.

주말에 도서관에서 동화구연을 경험한 유아들이 우리가 만든 도서관에서도 책을 읽어주면 좋겠다는 의견을 제시하여, 꼬마 책 선생님 놀이가 시작된다. 도서관놀이를 하게 되면서 여러 학급의 유아가 어울려 놀이하게 되고, 다른 반 유아가 만든 이야기책을 스탑모션으로 만들어 소개하는 영상과 자기가 직접 만든 작은 책을 읽어주는 놀이를 통해 '우리도 그림책을 만들 수 있을까?' 하는 관심을 가지게 된다.

내가 좋아하는 책을 읽어주는 우리반 책 선생님

친구가 만든 이야기책 스탑모션 감상하기

"이건 내가 만든 책이야. 나는 시집을 만들었어."
"시집이 뭐야?"
"시집은 예쁜 말로 노래처럼 만든거야. 들어봐."

친구가 만든 시집 속 시 낭송을 듣는 유아들

우리 반 그림책 만들기가 같은 연령의 다른 학급에서도 참여하게 되면서 각 학급의 유아들은 도서관에서 읽었던 다양한 책들 중 가장 재미있었던 책을 선정하고 그 책을 모방하여 우리 반 책 만들기를 이어간다. 책을 만들기 전 책이 어떻게 구성되었는지를 확인하고, 학급별로 시집, 이야기책, 말놀이 책을 만들기로 결정하여 제작한다.

책은 어떻게 구성되었을까 알아보는 유아들

"우리반 말놀이 책에 적을 얘기를 여기에 쭉 붙이자."
"노래 같다. 깨끗하면 물~ 물은 시원해~."

"이야기 책은 이야기랑 어울리는 그림을 그려야돼."
"나는 'ㅌ'이야. 태블릿으로 놀았던 이야기 그림이야."
"나는 'ㅈ' 이야기를 할거야."

"우리 같이 시를 만들자."
"제목 써야 돼."
"누가 지었는지 이름도 써."
"나는 옆에 어울리게 그림 그릴게."

도서관의 책처럼 진짜 양장본 책으로 만들고 싶어 하는 유아들의 요구에 따라 인터넷 출판사를 통해 책을 제작하고, 책이 완성된 날 전시회를 통해 각 학급의 유아들이 만든 책들을 전시하고 감상해본다.

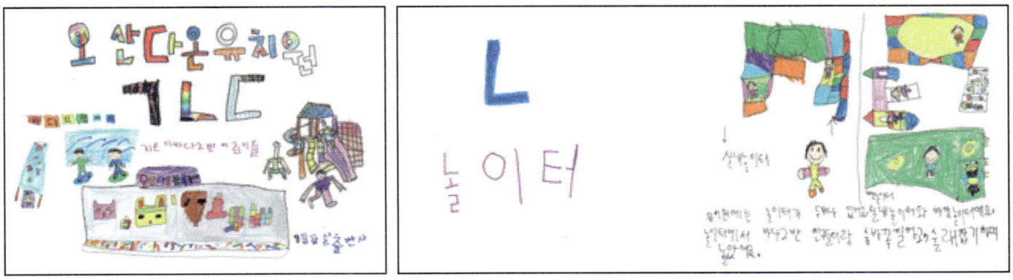

유아들이 만든 책의 표지와 장면

우리들이 만든 책 전시회와 책 감상하기

교사의 놀이 이해 및 지원하기
• 해석하기 - 도서관 놀이에서 이어진 책에 대한 흥미가 책을 읽어주는 놀이로 이어지고, 스탑모션, ppt동화 등 다양한 매체를 활용하여 책 읽어주는 놀이로 확장된다. - 친구들이 만든 책과 이야기를 보면서 직접 책만드는 놀이에 대한 흥미로 이어졌고, 이를 위해 책의 구성(제목, 표지, 출판사 등)을 알아보고, 학급별로 만들고 싶은 책의 종류와 내용을 정하여 구성한다. • 고민하기 - 출판을 위한 책이 갖추어야 하는 조건을 제안하며 책 만들기를 하는 것이 유아들이 자유롭게 책을 만들어보는 즐거움을 저해하지는 않을까? • 지원하기 - 출판을 위한 책은 다른 사람이 읽을 수 있어야 하는 매체이므로, 글과 관련된 그림, 힘들어도 알아볼 수 있도록 또박또박 글쓰기의 필요성을 안내하여 유아들 스스로 제작하는 책에 대한 규칙을 정해볼 수 있도록 지원하다. - 종이를 접어서 만드는 책이 아니라, 도서관에서 보는 형태의 책을 원하는 유아들을 위해 인터넷 출판사를 알아보고, 유아들이 만든 책의 내용을 편집하여 제작하는 것을 지원하다.
누리과정 관련 요소
• 의사소통: 읽기와 쓰기에 관심가지기〉 자신의 생각을 글자와 비슷한 형태로 표현한다. 책과 이야기 즐기기〉 동화, 동시에서 말의 재미를 느낀다. 말놀이와 이야기 짓기를 즐긴다. 책에 관심을 가지고 상상하기를 즐긴다. • 사회관계: 더불어 생활하기〉 약속과 규칙의 필요성을 알고 지킨다. • 예술경험: 창의적으로 표현하기〉 다양한 미술 재료와 도구로 자신의 생각과 느낌을 표현한다.

꼬마출판사 놀이이야기

놀이의 흐름 따라가기

작은 책 만들기에서 시작된 책에 대한 흥미 → 도서관에서 읽은 책을 종류별로 분류하기 → 꼬마 작가가 되어 나만의 책 만들어보기 → 모두가 같은 책을 갖기 위한 출판사 놀이 → 책이 즐거워지는 꼬마그림책 전시회놀이

시작 배경

학급의 유아들은 도서관 옆 교실이라 자연스럽게 책을 이용한 놀이를 만들기도 하고 동물 피규어를 이용해 간단한 인형극을 만들어 공연한다. 또한 달팽이 식물 등 자연물을 관찰하고 관찰 내용을 그림으로 기록하는 것을 좋아한다. 교사는 유아의 흥미에 따라 유아들이 직접 관찰한 내용들을 모아 책으로 묶어 교실 한쪽 장에 전시하고 이를 본 유아들이 책만들기 놀이에 관심을 갖는다.

놀이 전개 흐름

1. 작은 책 만들기로 시작된 책에 대한 흥미

교실 속 작은 책 만들기에 관심을 갖는 유아들의 흥미를 토대로 교사는 책에 대한 흥미를 높이고자 도서관에서 내가 좋아하는 책을 찾아보고 책의 종류(동화, 지식 정보책, 만화책, 소설책, 잡지 등)에 따라 분류해본다.

<table>
<tr>
<td>
곤충과 자연에 대해 알아보고 글과 그림으로 표현하는 유아들

유아들이 작성한 낱장으로 된 관찰일지를 묶은 책</td>
<td>유아들이 평소 관심을 많이 가지고 있는 곤충과 자연에 대해 알아본 후, 이를 글과 그림으로 표현한다. 교사는 유아들이 표현한 낱장의 그림들을 모아서 책으로 만들어준다.</td>
</tr>
<tr>
<td>

유아들의 책을 전시한 책꽂이와 친구들이 만든 책을
살펴보는 유아들</td>
<td>유아들이 관찰한 내용을 책으로 묶어 교실에 전시해주자, 놀이 중에 다른 유아들도 자연스럽게 관심을 나타낸다.</td>
</tr>
</table>

<table>
<tr><td> 
도서관에서 마음에 드는 책을 고르기 위해 읽어보는 유아들

내가 좋아하는 책을 골라와 종류별로 분류하는 유아들</td><td>도서관에서 책을 읽어보며 내가 좋아하는 책을 한권씩 고른다. 책의 종류에 대해 알아본 후 유아들이 가져온 책을 종류별로 분류한다.</td></tr>
</table>

교사의 놀이 이해 및 지원하기
• 해석하기 - 친구들이 만든 책을 접하며 그림책에 대한 유아들의 흥미와 관심이 증가하였고, 책에 대한 흥미를 높이기 위해 도서관에서 내가 좋아하는 책을 찾아본다. - 유치원 도서관의 책이 나누어져 꽂혀있는 이유에 대해 알아보고 내가 좋아하는 책을 종류별로 분류해본다. • 고민하기 - 유아의 책에 대한 흥미가 일회성으로 끝나지 않고 지속할 수 있는 방법은 무엇이 있을까? • 지원하기 - 낱장의 종이를 묶어 책으로 만들어주며 책에 대한 유아들의 흥미가 생기도록 지원한다. - 도서관에서 다양한 종류의 책을 살펴보며 내가 만들고 싶은 책의 종류에 관심을 갖도록 지원한다.
누리과정 관련 요소
• 의사소통: 읽기와 쓰기에 관심가지기 〉 말과 글의 관계에 관심을 가진다. 책과 이야기 즐기기 〉 책에 관심을 가지고 상상하기를 즐긴다.

2. 꼬마 작가 되어보기

책을 종류에 따라 분류해본 후 내가 만들어보고 싶은 책은 어떤 책인지 생각해본다. 유아들이 만들어 보고 싶은 책을 스스로 정하고, 책의 구성이 어려울 때는 교사, 친구와 의견을 나누며 책에 넣고 싶은 장면을 정하거나 그림으로 표현한다. 사진을 찍어 이야기를 꾸미기도 하며 다양한 형태로 책을 만든다.

다양한 책을 살펴보며 나만의 책을 구성하기 위한 계획을 세우고 필요한 장면을 책을 보고 따라 그리는 유아들

다양한 그리기 도구로 책을 만드는 유아

책이라는 것을 만들 때 필요한 글과 그림을 구성하고 조직하는 방법을 안내하고, 유아가 만들고 싶어 하는 책의 종류에 따라 참고할 수 있는 도서를 제공하여 스스로 책을 구성한다. 이때 쓰기로 인해 놀이, 책에 대한 흥미가 떨어지는 유아들은 교사가 글을 받아 적어주거나 컴퓨터로 작성해주는 지원을 한다.

유아들이 책을 만들어 표현하는데 흥미를 가질 수 있도록 다양한 색과 질감의 종이, 글리터펜, 애니메이션용 마커펜 등 다양한 그리기 도구를 지원하자, 놀이가 더 활발해 진다.

교사의 놀이 이해 및 지원하기
• 해석하기 – 작가가 하는 일에 대해 알아보고 내가 만들고 싶은 책을 위해 다양한 책을 살펴보며 책의 구성을 알아본다. – 내가 만들 책 속 장면에 필요한 그림들을 다른 책에서 참고해보며 따라 그리고, 다양한 그리기 도구를 지원해 나의 책 만들기에 대한 흥미가 증진된다. • 고민하기 – 쓰기가 힘들어 책의 이야기를 단순하게 마무리하는 유아들을 어떻게 지원하여 스토리텔러가 되도록 할까? • 지원하기 – 교사는 유아들과 함께 내가 만들 책의 글과 그림의 장면을 정하거나 구성하는 것을 지원하고, 그림 그리기가 힘든 유아들에게는 사진을 찍어 이야기를 꾸미는 등의 다양한 형태의 책을 만들도록 지원한다. – 유아가 만드는 책의 목적을 이야기 짓기에 두고, 쓰기가 힘든 유아들은 컴퓨터나 교사가 직접 받아 적어 주며 스토리텔링을 지원한다.
누리과정 관련 요소
• 의사소통: 읽기와 쓰기에 관심가지기 〉 말과 글의 관계에 관심을 가진다. 자신의 생각을 글자와 비슷한 형태로 표현한다. 책과 이야기 즐기기 〉 말놀이와 이야기짓기를 즐긴다. 책과 이야기 즐기기 〉 책에 관심을 가지고 상상하기를 즐긴다. • 사회관계: 더불어 생활하기〉 친구와 서로 도우며 사이좋게 지낸다.

3. 꼬마출판사의 책 출판하기

같은 책을 소유하고 싶어하는 유아들의 흥미에 따라 '출판'의 개념을 안내한다. 유아들은 교사의 지원을 통해 같은 책을 여러 사람이 갖기 위해 필요한 출판 과정과 책의 값은 그 책을 만든 사람에게 생각의 값을 지불한다는 것을 알게 되고 출판사 놀이가 시작된다. 책을 만드는 출판사에 대해 알아보며 출판사가 어떤 일을 하는지 찾아보고, 우리 반에서 만든 책 중 판매하고 싶은 책을 2권 선정하여 직접 출판하기로 정한다.

표지와 책 속 내지를 연결하는 역할을 담당하는 유아

책의 바코드를 붙이는 역할을 담당하는 유아

책의 겉표지 디자인을 담당하는 유아

출판사에서 책을 만드는 과정에 대해 알아본 유아들은 우리 반 꼬마작가의 인기도서 2권을 선정한 후 책 출판을 위한 역할을 분담한다. 출판하고 싶은 권수를 정한 후 그에 따라 교사가 꼬마 작가들이 만든 책을 컴퓨터로 스캔하여 프린트한다. 책의 표지 접기를 담당한 유아, 책의 페이지 번호에 맞춰 책 내지 접기를 담당한 유아, 표지와 책의 내지 연결을 담당하는 유아, 바코드를 붙이는 유아, 책의 겉표지 디자인을 담당한 유아 등 책출판을 위해 다양한 역할을 분담한다.

교사의 놀이 이해 및 지원하기
• 해석하기 －나만의 책을 한권 만드는 놀이에서 여러 사람이 같은 책을 소유하기 위해 필요한 '출판'의 개념을 이해한다. －우리반 꼬마 출판사에서 선정한 도서를 출판하기 위해 출판사에서 하는 일을 알아보고 출판사 직원이 된 유아들이 필요한 역할을 토의를 통해 분담한다. • 고민하기 －책을 출판하는 놀이가 유아의 문학적 표현능력을 확장시킬 수 있도록 하기 위해 어떻게 지원할 수 있을까? • 지원하기 －출판의 의미를 이해하고, 출판에 필요한 다양한 역할에 대한 정보를 제공한다. －다양한 책의 표지에서 책과 그림의 관계를 이해하도록 정보를 제공하고, 출판하기로 선정된 책의 표지와 제목을 재구성하여 디자인하며 문학적 표현력을 확장시킬 수 있도록 지원한다.
누리과정 관련 요소
• 의사소통: 책과 이야기 즐기기 〉 말놀이와 이야기 짓기를 즐긴다. 책과 이야기 즐기기 〉 책에 관심을 가지고 상상하기를 즐긴다. 사회관계: 더불어 생활하기 〉 서로 다른 감정, 생각, 행동을 존중한다. 친구와 서로 도우며 사이좋게 지낸다. • 예술경험: 예술감상하기 〉 다양한 예술을 감상하며 상상하기를 즐긴다.

4. 첫 꼬마그림책 전시회하기

판매를 위해 출판한 책뿐만 아니라 판매하지는 않지만 정성스럽게 만든 친구들의 책을 소개하기 위한 방법을 고민하는 유아들에게 소개한 전시회. 유아들은 우리가 만든 책을 전시하려면 어떤 준비를 해야 할지 토의한다. 교사가 '온라인 그림책 전시회'를 안내하자 유아들은 우리들의 전시회에 구성하고 싶은 것들을 이야기한다. 단순히 책을 읽기보다 재미있는 전시회가 되었으면 좋겠다는 유아들의 의견에 이벤트 코너, 그림책 체험코너 등을 만들기로 한다. 유아들의 아이디어를 토대로 함께 전시회를 구성하고 전시회장에서 각자의 역할을 나누어 전시회를 진행한다.

<table>
<tr>
<td>

온라인 동화책 전시회를 살펴보며 우리들의
전시회를 위해 토의하는 유아들
</td>
<td>'책 전시회'의 개념을 이해하기 위해 온라인 동화책 전시회를 살펴보며 전시회에 필요한 구성들을 토의한다.</td>
</tr>
<tr>
<td>
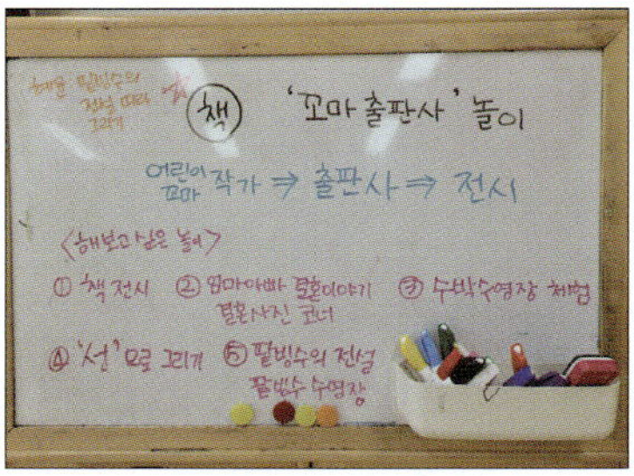

</td>
<td>유아들과 결정한 사항을 칠판에 정리해주어 놀이를 결정한다.</td>
</tr>
<tr>
<td colspan="2">

관람객의 표 확인 및 전시회 안내를 위한 입구

즐거운 전시회를 위한 이벤트 영역구성

우리가 만든 책 속의 장면을 체험하기 위한 체험 부스, 수박 속으로의 수박수영장과,
결혼이야기 속 신랑신부 체험 부스
</td>
</tr>
</table>

유아들은 재미있는 전시회를 위해 다양한 아이디어를 제안한다. 또한 책 전시회에 온 사람들이 전시회를 잘 관람할 수 있도록 필요한 역할에 대해서도 함께 토의를 한다. 교사는 유아들의 토의를 잘 기록하고 필요한 자료를 지원하였으며, 다른 학급을 초대할 수 있도록 교사들과 시간을 협의하여 놀이가 진행될 수 있도록 지원한다.

전시회 티켓확인 및 소개역할을 담당하는 유아

우리반 도서를 설명하고 판매하는 역할을 하는 유아와 도서를 구입하는 유아들

재미있는 전시회를 위해 기획한 이벤트 코너에서 이벤트 규칙을 설명하는 유아

전시회 당일 각자가 맡은 역할에 따라 해야 하는 일(전시 소개하기, 책 판매를 위한 홍보, 이벤트 규칙 등)을 다시 한 번 점검하고 전시회를 시작한다. 관람 온 옆 반 친구, 동생 반 동생들에게 책을 판매하고 직접 이벤트를 진행해보며 꼬마 그림책 전시회를 성공리에 개최한다.

교사의 놀이 이해 및 지원하기
• 해석하기 –책을 출판하고 판매하기 위한 방법을 고민하던 유아들은 전시회를 통해 판매하는 책뿐만 아니라 판매하지 않는 책들도 소개할 수 있다는 점을 알게 된다. –우리 책을 구경하러 오는 사람들이 더 즐겁게 전시를 체험하고 책속의 내용을 잘 이해할 수 있도록 다양한 체험 코너와 이벤트 코너를 구성하며 함께 하는 협력과 성취감을 느낀다. • 고민하기 –책에 대한 관심을 높이면서 즐겁게 전시를 체험할 수 있는 방법이 무엇일까? • 지원하기 –유아가 만든 책 속의 장면을 직접 체험할 수 있도록 공간을 구성해주고, 필요한 자료를 지원한다. –판매하지 않는 책의 작가들에게 직접 책을 소개하는 시간을 갖거나, 동생들에게 자기가 만든 책을 읽어주는 시간을 계획하여 전시회에 참석한 유아들이 전시를 즐기는 것과 더불어 책에 관심을 가질 수 있도록 지원한다.

누리과정 관련 요소
• 의사소통: 책과 이야기 즐기기 〉 말놀이와 이야기 짓기를 즐긴다. 책과 이야기 즐기기 〉 책에 관심을 가지고 상상하기를 즐긴다. • 사회관계: 더불어 생활하기 〉 친구와 서로 도우며 사이좋게 지낸다. • 예술경험: 예술감상하기 〉 다양한 예술을 감상하며 상상하기를 즐긴다.

참고문헌

참고문헌

강재희, 길효정, 장민(2022). 영유아문학교육. 고양: 공동체.

교육부(2022). [별책2] 초등학교 교육과정.

교육부(2024). 2024 개정 표준보육과정(0-2세) 해설서.

교육부, 보건복지부(2019). 2019 개정 누리과정.

교육부, 보건복지부(2019). 2019 개정 누리과정 해설서.

김민진(2021). 유아문학교육. 파주: 정민사.

_____(2024). 유아문학교육(제3판). 파주: 정민사.

김여경(2012). 반응중심 접근법에 기초한 문학활동이 유아의 이야기이해력, 자기조절능력, 대인관계능력에 미치는 영향. 성신여자대학교 대학원 박사학위논문.

김영애(2020). 유아문학교육. 파주: 양서원.

김정원, 전선옥, 이연규(2019). 유아문학교육(2판). 서울: 학지사.

김현희, 박상희(2017). 유아문학 이론과 적용(2판). 서울: 학지사.

__________(2020). 유아문학 이론과 적용(3판). 서울: 학지사.

김희동, 김동환(2019). 유아 디지털 미디어 북에 관한 연구 동향 분석. 열린유아교육연구, 24(4), 199-217. 10.20437/KOAECE24-4-09

김희진(2022). 유아의 놀이, 일상생활, 그리고 교사의 교육적 의도를 통합하는 대·소집단 활동. 서울: 아이코리아.

보건복지부(2020). 제4차 어린이집 표준보육과정 해설서.

서울특별시교육청유아교육진흥원(2023). 문해력 향상을 위한 유아언어교육 프로그램: 교수학습자료.

서정숙, 김언경, 안은희, 최현주, 최소린(2016). 그림책 읽어주기의 실제: 영유아를 위한 연령별/생활주제별 안내서. 서울: 창지사.

서정숙, 남규(2018). 유아문학교육. 서울: 창지사.

_________(2020). 유아문학교육(4판). 서울: 창지사.

_________(2023). 유아문학교육. 서울: 창지사.

석용원(1982). 아동문학원론. 서울: 학연사.

신헌재, 권혁준, 곽춘옥(2009). 아동문학의 이해. 박이정.

신헌재, 임현경(2007). 그림동화와 영상그림동화에 대한 초등학생의 반응 양상 비교 연구—John Burning-ham의 《우리 할아버지》를 중심으로-. 교원교육, 23(4), 47-63.

유구종, 김민경, 이정순, 한명옥(2013). 디지털기기, 스마트기기, 스마트 전자책에 대한 유아교사의 인식 및 현황. 열린유아교육연구, 18(3), 43-70.
이경우(1998). 좋은 그림책을 활용한 창의력 개발: 글 없는 그림책을 중심으로. 서울: 한국교육정보.
이기숙, 심성경, 손순복, 김영아, 조해연, 김민정(2023). 영유아발달. 파주: 양서원.
이대균, 백경순, 송정원, 이현정(2021). 유아문학교육 제4판. 고양: 공동체.
이상금, 장영희(2001). 유아문학론. 서울: 교문사.
이상현(1987). 아동문학강의. 서울: 일지사.
이선영, 우민정(2023). 유아문학교육. 공동체.
이재철(1983). 아동문학의 이론. 서울: 형설출판사.
이정환, 김희진(2013). 개정 영유아 교육의 교수학습방법. 파란마음.
이희정(1999). 초등학교의 반응중심 문학교육 방법 연구. 한국교원대학교 석사학위논문.
임성규(2007). 신비평과 초등학교 문학 교육의 연관에 대한 재검토-시 교육을 중심으로-국어교육연구, 40, 213-234.
전경원, 오한나(2021). 창의성 계발을 위한 아동문학. 파주: 정민사.
전혜영, 홍길회(2020). 아동문학과 동화구인(제2판). 파주: 정민사.
정경미, 조메리명희(2021). 그림책 경험에 기초한 아동문학. 서울: 창지사.
정진명, 이소희(2001). 파워포인트 동화 활용 제시 방법이 유아의 주의집중과 컴퓨터 흥미도에 미치는 효과. 숙명여자대학교 아동연구, 15(1), 159-180.
현은자, 김세희(2005). 그림책의 이해 1. 파주: 사계절.
현은자, 변윤희, 강은진, 심향분(2004). 그림책의 그림읽기. 서울: 마루벌.

Bromley, K. D. A.(199226). *Webbing with Literature: Creating story maps with children's books*. Boston, MA: Allyn & Bacon.
Gullinan, B. E., & Galda, L. (1994). *Literature and the Child*. Forth Worth, TX: Harcourt Brace & Company.
https://www.moe.go.kr/boardCnts/viewRenew.do?boardID=141&boardSeq=93458&lev=0&searchType=null&statusYN=W&page=1&s=moe&m=0404&opType=N
Matterson, E. M. (1975). *Play with purpose for under-sevens*, Great Britain: Penguin Books.
Rosenblatt, L. M. (1977). The transactional theory of the literary work: Implications for research.
Russell, D. L. (2005). *Literature for Children : A Short Introduction*(5th ed.). Boston, MA : Allyn and Bacon, Person Education, Inc.
Sharma & Cockerill (2014). From Birth to Five Years: Practical Developmental Examination.

https://doi.org/10.4324/9780203491812

Sutherland, Z., & Arbuthnot, M. H. (1991). *Children and Books*(8th ed). NY: Delmar Pub. Inc.

참뉴스(2023. 2. 22). '나미콩쿠르' 대상에 '운이 좋은 행복한 한스' 선정 [온라인 기사] Retrieved from https://www.chamnews.net/news/articleView.html?idxno=215806

저자소개

유선영

이화여자대학교 대학원 유아교육과(문학박사)

전) 전주기전대학교 유아교육과 교수

현) 호원대학교 유아교육과 교수

조해연

이화여자대학교 대학원 유아교육과(문학박사)

전) 이화여자대학교 부속 이화어린이연구원 교사

현) 을지대학교 아동청소년상담전공 교수

박선혜

이화여자대학교 대학원 유아교육과(문학박사)

전) 이화여자대학교 부속 이화어린이연구원 교사

현) 강남대학교 유아교육과 교수

김교령

이화여자대학교 대학원 유아교육과(문학박사)

전) 이화여자대학교 부속 이화어린이연구원 교사

현) 가톨릭대학교 교육대학원 유아교육전공 교수

김경숙

국립공주대학교 대학원 유아교육학과(교육학 박사)

전) 오산다온 유치원 교사

현) 화성 매송초등학교 병설 유치원 교사

유아문학교육

초 판 1쇄 인쇄 2025년 2월 24일
초 판 1쇄 발행 2025년 3월 4일

지 은 이 | 유선영 · 조해연 · 박선혜 · 김교령 · 김경숙
펴 낸 이 | 김기섭
편 집 인 | 오선율
펴 낸 곳 | 창지사 www.changJisa.com
08589 서울시 금천구 가산디지털 1로 83 파트너스타워 1차 9층
전화 (02)719-2211~3
팩스 (02)701-9386
등 록 | 1977년 4월 28일 · 제1-421호

ISBN 978-89-426-1918-4 (93370)

값 26,000원